Karl-Heinz Jakobs
WILHELMSBURG

Karl-Heinz Jakobs

WILHELMSBURG

Roman

claassen

Lektorat: Christoph Buchwald

1. Auflage 1979

Gesetzt aus der Times der Linotype GmbH
Satz: UNI-SET GmbH, Düsseldorf
Papier: Papierfabrik Schleipen GmbH, Bad Dürkheim
Druck und Einband: Ebner Ulm
Printed in Germany
ISBN 3 546 45019 1

Der erste Verrat kann aus Schwäche geschehn,
der zweite Verrat will schon Orden sehn,
beim dritten Verrat mußt du morden gehn,
mußt selber morden gehn, und das ist geschehn.

(Okudschawa)

Personen und Handlung sind erfunden

Erstes Kapitel

Eines Tages, in seinem siebenundfünfzigsten Lebensjahr, stellte Blach fest, daß er allein war.

Als Almuth ihn auf der Straße sah, lief sie ihm entgegen, umarmte ihn, und als er ihre Wange berührte, ergriff sie seine Hand und küßte ihm die Handfläche. Aber Blach empfand nichts. Erschrocken dachte er, wieso empfinde ich nichts? Er öffnete den Mund, um zu sprechen, seine Lippen bewegten sich, doch was er sagte, blieb ohne Folgen, niemand hörte auf ihn. Dann redete Banzer auf ihn ein, doch Blach sah ihn verständnislos an und dachte, wieso versteh' ich ihn nicht? Wieso empfinde ich nichts? Wieso begreife ich nichts? Man hört mich nicht mehr, nächstens heißt es, ich sei blind. Und als er Karlo folgte, der ihn auf die Schönheiten des Parkes aufmerksam machte, stellte Blach fest, daß er sie nicht wahrnahm.

Ich glaube, sagte Blach, nun ist es soweit.

Er drängte sich durch die Käufermassen des Kaufhauses, und weder begriff er, was sie dort wühlten und suchten, noch erinnerte er sich an das, was ihn hergetrieben hatte. Im Anschluß an seine festliche Rede heftete Banzer ihm die Ehrennadel an das Revers, und Blach sah, wie die Leute im Saal sich erhoben und ihm zuklatschten, und er dachte, was ist geschehen? Mit welch schwerwiegenden Fehlern hab' ich mich in diese Lage gebracht? Er ging zu Samuel und sagte:

Verstehst du das? Mit einemmal weiß ich nicht mehr, was gespielt wird.

Niemand weiß genau, was eigentlich läuft, sagte Samuel.

Aber ich wußte es doch vorher, sagte Blach.

Das ist nicht wahr, sagte Samuel, man hat dir gesagt, wo's lang geht, welche Rolle du dabei spielst, und du hast es ihnen geglaubt.

Eitelkeit? fragte Blach.

Oder Bequemlichkeit, sagte Samuel, wer weiß?

Aber auf einmal begreife ich nichts mehr, sagte Blach, ich seh' den Sinn nicht mehr ein. Wieso geben sie mir einen Orden? Wozu? frag' ich mich. Was soll das? Mit einemmal kommen sie an, na hör mal, du weißt doch, wer Banzer ist, kommt also an und macht sich an meinem Jackett zu schaffen. Mir war, als stünde ich woanders im Saal und seh' zu, wie das mit mir geschieht. Als würde da ein anderer geehrt. Und ich kann nur den Kopf schütteln vor dem Unverstand des Mannes, der sich das gefallen läßt, und ich kann nur den Kopf schütteln über Leute, die sich für so etwas hergeben.

Stehen da, reden, klatschen und schütteln mir die

Hand, klopfen mir anerkennend auf die Schulter, geben mir auch einen freundschaftlichen Stoß in die Seite, um mich aufzumuntern, denn mein miesepetriges Gesicht macht ihnen Sorge. Und was tu' ich? Ich mache nun meinerseits den Mund auf. Aber sie verstehen mich nicht. Denn sie wollen sich bald ausschütten vor Lachen, so witzig finden sie, was ich zu ihrem Ergötzen vor mich hin plaudere. Dabei habe ich etwas gesagt, das zum Heulen wär'. Schüttle Hände, schau halb von oben auf das Stück Metall, das an meinem Jackett bammelt, ob es auch richtig hängt, schau es mir an, obwohl es mich nicht interessiert.

Denke immer noch, ist vielleicht bloß ein Alptraum. Und was soll ich dir sagen, nach allem, was vorgefallen ist, und um die Dummheiten auf die Spitze zu treiben, stell' ich mich hin und halte eine Dankesrede. Was ist bloß los? sagte Blach, bin ich verrückt oder was?

Früher warst du verstört, sagte Samuel, aber jetzt, da bist du hellsichtig.

Hellsichtig? sagte Blach und lachte, ich? Jetzt? Und wieso erst mit siebenundfünfzig?

Bei manch einem, sagte Samuel, dauert's ein bißchen, mach dir darüber keine Sorgen.

Doch Blach machte sich Sorgen. Seit damals, als Onkel Gustav anfing, ihn mit dem Vornamen Wilhelm anzureden. In Wilhelmsburg wurden alle aufstrebenden Knaben Wilhelm gerufen. Was soll aus ihm werden, hieß es in Wilhelmsburg, ein Wilhelm wird aus ihm, ein treuer Staatsbürger. Nicht, daß Blach etwas dagegen hatte, ein treuer Staatsbürger zu werden. Zuerst aber wollte er Walter Blach werden. Wenn er dann derjenige geworden wäre und sich nicht gefiel, so konnte er immer noch ein anderer werden, und wütend sagte er zu Onkel Gustav:

Ich heiße Walter.

Ist gut, Wilhelm, sagte Onkel Gustav, du heißt Walter.

Ich will nicht Wilhelm sein, schrie er Onkel Gustav an.

Ich bitte euch, ein Knabe von sieben oder acht Jahren!

Ich will ich sein, heulte Blach.

Aber Onkel Gustav sagte nur:

Was regst du dich auf, Wilhelm, keiner wird, was er will, weil jeder werden muß, was notwendig ist.

Auf Blach machte dieser Satz großen Eindruck. Onkel Gustav öffnete ihm die Augen in einer ihm unverständlichen Umwelt. Damals machte sich Blach einen Kanon goldener Lebensregeln.

Goldne Lehmsregeln:

In ein Ferein gehste nich.

Ziehst dir auch nie ne Unform an.

Abzeichen nich ansteck.

Nie mit ein in selm Schritt gehn.

Kein Wilhelm nich wern.

Keine Lieder in Kohr sing.

Andre Leute nich dressiern.

Widersprechen, wenn einer nich was Richtges sag.

Keim gehorchen.

Fremden, die du nich kennst, solln dich nich anquatsch.

Blach hat dieses goldenen Lebensregeln übertreten, sagte Samuel. Wie schön wäre es gewesen, wenn er später hätte sagen können, ja, du bist einer, der sich nicht verbiegen ließ.

Aber er hat Abzeichen angesteckt, Orden und Ehrenzeichen, darunter sehr kleidsame und solche, um die sie einen beneiden. Er hat Uniformen angezogen, von denen es zuerst heißt, sie seien ehrenvoll, und hinterher, sie getragen zu haben, sei eine Schmach.

Er hat anderen Leuten Befehle erteilt und darüber gewacht, daß sie befolgt wurden. Er hat auch Befehlen gehorcht, ohne ihren Sinn einzusehen. Und wie oft hat er freundschaftlich mit Leuten verkehrt, die ihm fremd waren und ewig fremd blieben. Blach schaltete das Radio ein, und eine gleichgültige Stimme teilte mit, daß in Cottbus ein Mann wegen Spionage zu Zuchthaus verurteilt wurde.

Zuchthaus, sagte Karlo zornig, den wollen sie wohl als Geisel behalten im Austausch gegen ihre Spione.

Du weißt wohl immer, was gespielt wird, sagte Blach mißmutig.

Karlo lachte. Es war das Lachen eines Menschen, der anderen überlegen ist durch seine Einsichten. Auch Wanda lachte so, damals, jung verheiratet mit Blach.

Meine Güte, sagte er, wie lange das her ist.

Vierundfünfzig muß es gewesen sein oder fünfundfünfzig, mehr als zwanzig Jahre sind es her, da war er eines Nachts arglos aufgewacht. Halb im Schlaf hatte er seinen Arm auf Wandas Bett gelegt und war plötzlich wach, Wanda war nicht im Zimmer. Aus dem Badezimmer kam ein Summen. Leise stand er auf und ging hinaus. In dem Moment hätte er nicht erklären können, wieso er sich bemühte, leise zu sein. Er schämte sich noch Jahre danach deswegen. Schämte sich, weil er nicht ins Badezimmer ging, sondern hinter der Tür stehenblieb, durch den Türspalt schaute und Wanda sah, wie sie auf der Kante der Badewanne saß mit dem vibrierenden elektrischen Rasierapparat zwischen den Beinen, die gespreizt und steif abstanden und rhythmisch zuckten. Das war vor vielen Jahren, Vibratoren und elektrische Massagegeräte gab es noch nicht, und die ersten elektrischen Rasierapparate kamen auf den Markt. Blach sah, wie Wanda sich in den Handrücken biß, und zwar so, daß er am anderen Morgen, als sie beim Frühstück saßen, Wanda beängstigend schön und heiter, die Spuren sah.

Nanu, sagte Blach leichthin, was hast du mit der Hand gemacht?

Wo? fragte Wanda.

Auf dem Handrücken, sagte Blach, sieht aus wie ein Biß.

Ein Biß? rief Wanda und lachte froh, dieses frohe überlegene Lachen eines Menschen von überlegenem Verstand, wer denn, du Dummerchen, sollte mich nachts in den Handrücken beißen?

Sie zeigte Blach den lädierten Handrücken und bewegte ihn so, als wolle sie Umfang und Wirkung der Hautabschürfung abschätzen.

Damals hatte Blach das Bedürfnis, Wilhelmsburg zu verlassen. Nicht so zu verlassen, wie er es immer verließ, indem er auf Reisen ging, nein. Weggehen und nicht umkehren.

Wilhelmsburg ist eine dieser künstlichen Stadtgründungen des vergangenen Jahrhunderts. Städte, die geschaffen wurden, um praktisch vorzuführen, daß kleinfürstliches Krämertum weichen muß vor bürgerlichem Handelsgeist, kleinstädtisches Denken weichen muß vor Weltaufgeschlossenheit. Deswegen hielten und halten sich die Wilhelmsburger für etwas Besonderes. Modern bis in die Knochen, das ist das Bild, das sie der verdorbenen Welt von sich und ihrer Stadt vorweisen möchten. Kein berühmter Künstler des Inlandes und des näheren Auslandes, kein bedeutsamer Dichter, kein Prediger von Bedeutung, der nicht von der Wilhelmsburger Stadtverwaltung eingeladen worden, und, da die Honorare verlockend waren, nicht gekommen wäre.

Fatal für die Wilhelmsburger aber war, daß ihre Stadt durch die hundert Jahre ihrer städtischen Existenz keinen Künstler von Geist, keinen Dichter von Kraft, keinen überzeugenden Prediger hervorgebracht hat. Sie haben es nie geschafft, der Welt mehr zu geben als das Bild, das sie sich voneinander gemacht haben. Ihre Dichter klagen über die Verdorbenheit der Welt und preisen Wilhelmsburger Redlichkeit.

Ihre Prediger erheben die Stimme, wenn es darum geht, Sünden in Paris und in der Türkei zu geißeln, doch wird ihre Stimme leise vor Rührung und Nachsicht, wenn sie den Namen ihrer Heimatstadt nennen und von den Zuständen dort berichten. Hinzu kommt, daß die Wilhelmsburger Wilhelm, dem zu Ehren sie ihre Stadt listig benannten, niemals von Angesicht zu Angesicht gesehen haben.

Zur Gründungsfeier der Stadt war er an Influenza erkrankt. Auch sein Sohn war unabkömmlich, was die Wilhelmsburger kränkte und ihre Gemüter erregte. Es kam die Kronprinzessin, die ungebetene, unerwünschte Ersatzperson, die dessen ungeachtet zeremoniell empfangen wurde, als wäre ER erschienen. Seitdem ist, bis zum heutigen Tag, kaum ein Jahrzehnt in der Geschichte Wilhelmsburgs vergangen, in dem nicht das jeweilige Staatsoberhaupt zu einem Besuch geladen worden wäre. Immer vergebens.

Jede Einladung war peinlich verbunden mit der weinerlichen Aufzählung von Kränkungen, die dem Wilhelmsburger Bürgerstolz in der Vergangenheit zugefügt worden waren. Weil frühere Staatsoberhäupter es aus Klassendünkel oder aus Engherzigkeit nicht über sich gebracht hatten, die immerhin bedeutsame Industriestadt mit einem Besuch zu ehren. Immer in vergeblicher Erwartung allerhöchster Staatsbeamteter, auch ausländischer, haben diese Enttäuschungen die Mentalität der Wilhelmsburger bis zum heutigen Tage geprägt.

Eigensinnig, patriotisch und von verletztem Stolz. Wenn alle untreu werden, so bleiben die Wilhelmsburger doch treu, heißt es seit hundert Jahren. Bis heute. Kein Wunder, daß Blach jede Gelegenheit wahrnahm, Abschied zu nehmen, um sich auf Reisen zu begeben.

Blach schlug die Zeitung auf und las, daß Terroristen in Stuttgart einen hohen Staatsbeamten verschleppt hatten, um ihn als Geisel zu benutzen.

Heldentaten kühner Frauen und Männer, sagte Almuth.

Nach vierundzwanzig Jahren Ehe, zehn Jahre mit Vera, vierzehn Jahre mit Wanda, danach Jahre mit häufig wechselnden Partnern, hatte er es noch einmal probiert. Zweiundzwanzig Jahre und nicht schön, wie Almuth über sich sagte, einerseits aus Koketterie, andererseits, um ihre literarische Bildung herauszustellen. Aus Bequemlichkeit hatte er früher reife und verheiratete Frauen geliebt. Almuth hingegen war der Mädchentyp, der sich einer Vaterfigur anvertraut. Doch auch sie machte ihn nicht glücklich.

Was alles, rief Blach einmal, hätte aus mir werden können ohne diesen Trieb, der mich von Ort zu Ort hetzt, von Person zu Person. Auch ich habe das Zeug zu einem Dichter gehabt, zu einem Politiker, einem Prediger, einem Seemann, einem Menschen, der Städte entwirft, und was bin ich geworden?

Seit der letzten Scheidung hatte er rastlos die Wohnungen gewechselt. Kaum war er eingezogen, kaum hatten die vertrauten Gegenstände, die er mit sich schleppte, ihren Platz gefunden, da überlegte er schon, wie er die neue Wohnung verlassen könnte.

Manchmal spielte Blach mit dem Gedanken, Almuth und Karlo zusammentreffen zu lassen. Jedesmal, wenn er daran denke, werde ihm heiß, sagte er. Dann stelle er sich vor, wie sie zu dritt in Eintracht beisammen sein würden. Wenn er daran denke, sei ihm, als stehe er wirklich in der Mitte des Lebens, wie Almuth behauptete.

Oder als beginne er eigentlich jetzt erst wirklich zu leben, wie Karlo ihn tröstete. Aber Blach hütete sich, Almuth und Karlo gemeinsam einzuladen, denn er fürchtete etwas, für das er noch kein Wort wußte. Und eigenartigerweise trafen sie nie aufeinander. Sie waren in dieselbe Klasse gegangen, zusammen mit Therese, Blachs scheuer Tochter. Manchmal dachte Blach, seine Liebe zu Almuth und Karlo sei der klägliche Versuch, mit Thereses Tod fertigzuwerden.

Weshalb diese Unrast, sagte er zu Samuel, was ist es, das mich nicht zur Ruhe kommen läßt?

Ich kenne einen, sagte Samuel, der ist unruhig wie du.

Der führe Tagebuch. Seit Kriegsende schreibe er auf, was er beobachte und erlebe. Er sei mit den Nerven völlig herunter, weil er mehr und mehr fürchte, daß sein Tagebuch publik werden könne. Dabei sei er eine hochgestellte Persönlichkeit, die das Vertrauen der Behörden genieße. Doch offenbar empfinde er die

Art seines öffentlichen Auftretens und das, was er dem Tagebuch anvertraue, als Ausdruck eines Doppellebens. Unvernünftigerweise fürchte er eine Haussuchung, bei der sein geheimes Tagebuch gefunden werden könne. Und dabei werde seine gesellschaftliche Stellung im Lande immer bedeutender.

Dieser Mann, sagte Samuel, hat im Verlaufe der Zeit die kompliziertesten Verstecke in der Wohnung angelegt, aber alle waren ihm zu unsicher. Ein versierter Beamter spürt sie bald auf.

Jetzt lebe er still vor sich hin, beobachte, schreibe, und achte ängstlich darauf, daß er mit der Polizei nicht in Konflikt gerate. Neuerdings frage er bei Freunden vorsichtig an, ob er nicht eine kleine verschlossene Aktentasche abstellen dürfe, doch niemand finde sich dazu bereit. Denn selbst seine Freunde hielten ihn inzwischen für einen von der Obrigkeit, mit dem man sich intim nicht einlassen dürfe. Nun habe er Angst, daß die Leute mutmaßen müßten, er verberge Geheimdienstliches in der Tasche. Er gehe mal zum einen, mal zum andern, erzähle komplizierte Geschichten von Liebesbriefen, die er vor seiner Frau in Sicherheit bringen möchte, was die Leute nur mißtrauischer mache.

Manchmal, sagte Samuel, gräbt er eine Grube hinten im Garten, versenkt darin, in einem Blechkasten verschlossen und in Paraffinpapier gewickelt, die Tasche. Gräbt sie nach wenigen Tagen wieder aus. Um diese Tasche kreist unaufhörlich und in krankhaftem

Eigensinn sein Denken. Und trotzdem hört er nicht auf, Beobachtungen und Gedanken aufzuschreiben.

Er führe kein Tagebuch, sagte Blach ungeduldig, auf ihn treffe das Beispiel nicht zu.

Mein Beispiel, sagte Samuel, trifft auf alle in Wilhelmsburg zu.

Damals, als ich mit Vera verheiratet war, sagte Blach. Was für eine schöne weichbrüstige Frau, jede Nacht dasselbe weiche Versinken im Bodenlosen, und jede Nacht dasselbe ruhige Entschlummern, wieso, rief er, hab' ich sie aufgegeben? Wieso habe ich Vera verlassen und Wanda genommen, die mich haßt und demütigt.

Die Sache mit Vera war schon Ewigkeiten her, fünfunddreißig Jahre, fünfundzwanzig Jahre, neunzehnhundertdreiundvierzig geheiratet, im Krieg, mit Ehrenspalier des Geschwaders. Neunzehnhundertdreiundfünfzig geschieden. Was Vera nie richtig begriff, denn zehn Jahre danach bezeichnete sie Blach in einem Fragebogen als ihren Ehemann, obwohl sie längst mit Fellati verheiratet war. Eines Tages, als Blach von der Dienstreise nach Hause kam, fand er seine junge Frau steif und mit starren, glasigen Augen im Bett liegen. Erst im Krankenhaus gelang es, sie der Trance zu entreißen.

Das, sagte der Arzt, ist eine Art psychosomatischer Autosuggestion, haben Sie eine Ahnung, ob Ihre Frau Kontakt zu einem Psychoanalytiker hat?

Der Psychoanalytiker galt damals in Wilhelmsburg

als eine Art Teufelsbeschwörer. Alles abergläubisch Böse, das man Menschen antun konnte, war dem Psychoanalytiker zuzutrauen. In der öffentlichen Meinung war die Psychoanalytische Gesellschaft eine Art Ku-Klux-Klan, der anstatt den Leib die Seele zerstört.

Zu einem Psychoanalytiker? fragte Blach, nicht daß ich wüßte.

Zweites Kapitel

Abends ging er zu Samuel und sagte:

Besser, du läßt die Finger von Vera.

Blach war aus der Kriegsgefangenschaft entlassen worden und am Ende einer Irrfahrt nach Wilhelmsburg zurückgekehrt, als er mit Vera zum erstenmal Samuel aufsuchte. Das Haus, in dem Samuel wohnte, war zur Straße und zu den angrenzenden Grundstükken von einer hohen und dichten Hecke umgeben. Keine Klinke am Tor, kein Namensschild, keine Klingel, keine Hausnummer, nur ein verrostetes Torgestell.

Das Tor sah aus, als hätte es seit langer Zeit kein Mensch geöffnet. Nur einem aufmerksamen Beobachter entging nicht, daß die Angeln, in denen der Torrahmen hing, frisch geölt waren. Auch das Türschloß, von außen zerfressen von Rost, war innen heil, und der Schlüssel bewegte sich lautlos und leicht. Als Blach zum erstenmal durch das Tor in den Garten trat, war er überrascht. Das Grundstück ohne einen Baum, nur Gras, an manchen Stellen fast einen Meter hoch. Im

Hintergrund ein Holzhaus, aus dessen Schornstein feiner Rauch zog. Es war das Bild einer bewohnbaren Wildnis, sagte Blach, wie wir sie manchmal in Gedanken vor Augen haben, nach der wir uns sehnen und die wir nicht ertragen können.

Durch das hohe Gras führte ein Trampelpfad zum Hause hin. Hier hatte der Himmelsforscher Larsen gelebt. Nach dessen Tod erhoben weder die Erben im Ausland Anspruch auf das Grundstück, noch wußte die Stadtverwaltung eine Verwendung für das Haus. Samuel war eines Tages, von irgendwoher kommend, in Wilhelmsburg aufgetaucht. Einer aus der Masse jener Millionen, die nach allen Verirrungen kaum noch wußten, wer sie waren und woher sie stammten. Aus Angst, etwas Schreckliches anhören zu müssen, hatte Blach nie nach Samuels Herkunft gefragt. Samuel hatte sich in dem Haus festgesetzt, hatte es ausgebaut und lebt dort noch heute, nun hoch in den Siebzig.

Sie sollen ihn, sagte Vera, und machte mit Faust und Zeigefinger eine Bewegung in Hüfthöhe, als schnitte sie etwas ab.

Wer? fragte Blach.

Na, wer wohl? sagte Vera.

Was? fragte Blach.

Na, was wohl? sagte Vera.

Kastriert? fragte Blach.

Na ja, sagte Vera.

Wann? fragte Blach.

Danach frag ihn selbst, sagte Vera.

Blach fragte nie. Er fragte aber, was sie zu Samuel hinziehe. Sie druckste, machte ein Geheimnis daraus, ließ ihn schwören, nichts zu verraten, und als Blach ihn das erstemal besuchte, kam Samuel von selbst auf die Sache zu sprechen.

Veruschka schwört, sagte Samuel, daß alles, was ich ihr vorausgesagt habe, auch eingetroffen ist.

So? sagte Blach und schaute sich mißtrauisch in dem Raum um.

Aus den Trümmern der Larsenschen Sternwarte hatte Samuel ein Teleskop gebaut, mit dem er Nacht für Nacht den Sternenhimmel absuchte. Er war Korrespondent ausländischer Universitäten, die ihn beauftragt hatten, einen winzigen Himmelsabschnitt ständig im Auge zu behalten. Blach begriff nicht alles, was Samuel ihm zu erklären versuchte, und Samuel begriff zuerst nicht, wieso man ihn eines Tages wegen Spionage verhaftet hatte.

Weil ich ständigen Briefwechsel mit ausländischen Universitäten unterhalte, sagte er später.

Ein Briefwechsel, in dem ausländische Stellen in entschiedenem Ton gehaltene Wünsche äußerten und in dem Samuel in Chiffren gehaltene Auskünfte erteilte.

Die Chiffren, verstehst du, sagte Samuel, er gehörte zu den Leuten, die alle gleich duzen, waren die ermittelten Sternpositionen.

Wie lange hast du gesessen? fragte Blach.

Ein viertel Jahr, sagte Samuel.

Was spionierst du auch an unserem Himmel, sagte Blach.

Ich wurde ohne Prozeß freigelassen, sagte Samuel.

Nun kundschaftest du zum Dank für unsern Geheimdienst den Himmel aus, sagte Blach mit einem Anflug von Humor.

Versteh' schon, daß du mich nicht leiden kannst, sagte Samuel.

So hatte es mit ihnen begonnen, und später gab es Zeiten, da war Samuel Blachs einziger Freund. Blach saß manchmal nächtelang hinter Samuels Teleskop und beobachtete den Sternenhimmel.

Es gibt Leute, sagte Samuel leise, die halten unser Jahrhundert für besonders grausig. Ich bin dieser Meinung nicht. Damals wie heute, überall gebrochene Knochen. Ich glaube nicht, daß es irgendwo in der Welt ein System gibt, das einem anderen System überlegen ist. Ich glaube, daß die Zustände in der Welt immer dieselben gewesen sind. In welchen Bezirk des Himmels ich auch meinen Reflektor richte, überall werde ich denselben Zustand vorfinden. Mir dröhnen die Ohren von all den Beteuerungen in den letzten siebentausend Jahren, daß hier und heute eine neue Epoche in der Geschichte der Menschheit begonnen habe. Die Kulturgeschichte dieser Beteuerungen, das wäre ein Buch, das einer endlich schreiben sollte.

Es war Blach, als werde Samuel mehr und mehr zu einem Bestandteil seines Lebens. Auch als Blach sich von Vera trennte, blieben Samuel und er Freunde.

Wanda begriff nicht, weshalb die Gesellschaft Existenzen wie Samuel duldete, von seiner Nutzlosigkeit war sie überzeugt. Und Samuel begriff nie, was Wanda in Blachs Leben vorstellte.

Geilheit? fragte Samuel.

Nicht nur, sagte Blach.

Hör mal, sagte Samuel, viel mehr hat sie nicht auf dem Kasten.

Täusche dich nicht, sagte Blach, täusche dich nicht.

Na, sagte Samuel, was denn noch?

Blach schwieg.

Wanda, sagte Blach dann, als nähme er ein Gesprächsthema auf, das sie seit Zeiten erörterten.

Ja? sagte Samuel.

Wanda und ich, weißt du, sagte Blach, hatten ein Kind vor uns liegen.

Ein Kind? sagte Samuel, Therese?

Sie saßen im dämmrigen Zimmer. Eigenartige Geräte bewegten sich in eigenartigen Kurven. Blach hatte sich so gesetzt, daß ihn Samuels Knoblauchatem nicht traf.

Nicht Therese, sagte Blach.

Und es war Wanda? fragte Samuel.

Nicht eindeutig, sagte Blach.

Vielleicht war es Vera? sagte Samuel.

Vera auf keinen Fall, sagte Blach, ich hab die Frau nicht richtig gesehen, aber ich hatte das Gefühl, daß es Wanda war, die rechts neben dem Kind stand, ich stand links neben dem Operationstisch, auf dem das

Kind bewußtlos mit herabhängenden Armen lag, und wir beide, Wanda und ich, waren entschlossen, das Kind zu retten. Aber dazu müssen wir ihm die Hände abschneiden, ich die linke, Wanda die rechte.

Jedoch so, daß eine Mittelsehne oder die Pulsader als Verbindung übrigbleibt. Mir gelingt die Arbeit ganz gut, nur Wanda kommt nicht zurecht, und ungehalten entreiße ich ihr das Messer und mache ihr vor, wie man an eine solche Sache rangeht. Während ich das schlafende Kind mit den halbabgeschnittenen Händen daliegen sehe, denke ich noch , es wird nach dem Eingriff abgestorbene schwarze Hände haben.

Dann wird es eben schöne weiße Handschuhe tragen müssen, tröste ich mich. Da kommt ein Helfer mit einer Waschschüssel, in der sich eine rötliche, wäßrige Flüssigkeit befindet. Herablassend begrüße ich ihn, den Erfinder eines künstlichen Blutes, das wir gleich ausprobieren sollen. Ihm kommt es vor allem auf die geronnenen Teile in der Flüssigkeit an. Deshalb gießt er die wäßrige Flüssigkeit ab, bis der rotflockige und geronnene Bodensatz übrigbleibt.

Den teilen wir uns. Ich nehme meinen Teil in eine Tasse, der Helfer hingegen hat eine große Spritze, mit der er dem Kind die flockige Flüssigkeit in die Pulsader pumpt. Ich gieße das künstliche Blut aus meiner Tasse in eine Öffnung an der Schulter, wobei mir etwas daneben plempert. Ein Arzt kommt. Ich bitte ihn, dem Kind die Arme zu verbinden, damit die Wunden heilen können. Der Arzt sagt, das sei nicht nötig, und ich mache, wobei ich mich umschau', ob Zuhörer da sind, die witzige Bemerkung: Sie gehören wohl zu jenen modernen Ärzten, die den Verblutenden nicht verbinden.

Doch es ist niemand da, der beifällig lachen könnte. Der Helfer hat inzwischen die Haut der linken Hand so geschickt und sauber der Haut des unteren Unterarms angepaßt, daß ich begeistert bin, denn an der Schnittstelle stoßen die beiden Hautteile so genau aneinander, daß als Narbe nur eine Linie übrigbleibt. Da erwacht das Kind und versucht seine Gliedmaßen zu bewegen. Ich will es wieder narkotisieren, damit es keine Schmerzen hat, aber der Helfer sagt, auch das sei nicht nötig.

Ich sehe, wie das Kind die Hände bewegt, und zwar so, als seien sie ausgeheilt.

Drittes Kapitel

Das, mein Lieber, sagte Samuel, sind deine ewigen Ängste.

Blach unterbrach ihn und sagte:

Was redest du, ich will nicht, daß du mir Träume deutest.

In der Hochzeitsnacht lag Blach im Arm seiner weichbrüstigen Vera, sie sechzehn, er dreiundzwanzig. An ihrem Busen hatte er sich ausgeheult, und er wußte, Vera hatte es nicht vergessen. Wenn sie trotz allem, was er ihr angetan hatte, immer noch zu ihm hielt, dann wahrscheinlich aus Schuldgefühl, denn damals hatte sie mit angstvoll aufgerissenen Augen zugehört, ihm aber nicht helfen können. Wie hätte sie, die Sechzehnjährige, das begreifen können, was er ihr ins Ohr flüsterte. Bei der Scheidung von seiner zweiten Ehefrau Wanda wurde er auf andere Weise an diese Jahre erinnert.

Wanda hatte vor Gericht einen Antrag gestellt. Blach sei moralisch, pädagogisch und intellektuell unfähig, Kinder zu erziehen, deshalb dürfe er nach der

Scheidung von ihr auf Therese keinen Einfluß bekommen.

Als Beweis hatte sie vier Zeugen aufgeboten. Blachs Freund Werner Banzer, die Schülerin Almuth Konz, die erste Ehefrau Blachs, Vera Fellati, und den Mitarbeiter des Jugendamtes, Winfried Sommer. Banzer war es, der die Vergangenheit Blachs ins Spiel brachte.

Sie sind Herr Banzer? fragte der Scheidungsrichter.

Sehr richtig, sagte der Mann mit dem schmalen, empfindsam wirkenden Gesicht und der Narbe unter dem Auge. Werner Banzer, von Beruf Weißkittel, ältester Freund von Blach.

Sie führten eben aus, sagte der Scheidungsrichter ebenso salbungsvoll wie Banzer, daß Sie der älteste Freund von Herrn Blach sind, wie ist das zu verstehen?

Ich will es mal so sagen, sagte Banzer, obwohl Blach zwei Jahre jünger ist als ich, bin ich sein Schüler. Das hängt damit zusammen, daß ich unter Hitler zwei Jahre später in die Flieger eintrat als er, und als ich eintrat, war er mein erster Fluglehrer. Zuerst im Segelflugzeug in der Rhön, später im Motorflugzeug, wo er ebenfalls mein erster Fluglehrer war. Das unter Hitler ist nicht so ernst zu nehmen. Weder für Blach noch für mich.

Denn es gibt immer zweierlei Typen, die sich mit dem Fliegen befassen. Der eine, der wirklich fliegen will, opfert seine Freizeit dafür, denkt noch im Schlaf ans Fliegen und was er für Fehler gemacht hat, kümmert und sorgt sich. Und der andere denkt vor allem an seine schöne Uniform und wie schick er darin aussieht und was er fürn Schlag bei Mädchen hat, so ein Typ, das war Blach nicht, und ich erst recht nicht.

Uns kam's aufs Fliegen an und nicht auf die Uniform. Und natürlich nicht auf Politik. Denn wir fuhren jeden Sonntag früh um sechse weg und kamen erst am Abend wieder zurück. Das war unsere Welt, mit allen Mühen und Rückschlägen. Später war es genauso. Wolln mal ehrlich sein, auch nach dem Krieg, seit wieder geflogen werden darf, gibt es welche, die sind für die äußeren Sachen, und andere, die wollen nur fliegen, und kümmern sich einen Dreck um Politik. Tun aber immer so, als würden sie sich drum kümmern. Und wissen Sie weswegen? Um nicht rauszufliegen. Bei den einen nicht und bei den anderen. Und genauso war es damals bei Blach und mir.

War Herr Blach auch Kampfflieger? fragte der Scheidungsrichter, ein junger Mann mit Wissensdurst, der keine Gelegenheit ausließ, um sich zu bilden.

Darauf wollte ich eben zu sprechen kommen, sagte Banzer, denn für den Krieg waren wir zuerst nicht alt genug. Dazu unpolitisch. Nicht, daß ich mir nachträglich eine intakte Vergangenheit zusammenschustern will, das nicht. Ich will bloß sagen, daß man, so jung wie wir damals waren, die Zusammenhänge nicht begreift.

Außerdem hatten wir beim Fliegerkorps in der Rhön Leute, die astrein waren, Leute aus dem ersten

Weltkrieg. Ältere Herren, die nur wegen der Fliegerei im Fliegerkorps waren. Beispielsweise hat uns Professor Bicksel Aerodynamik beigebracht. Und die unter Hitler hatten immer verlangt, daß wir in Uniform zum Unterricht gehen. Wir beide waren dort die einzigen Zivilisten.

Wie oft wohl hat Banzer diese Geschichte erzählt, sagte Blach später zu Samuel.

Flüssig kam sie ihm von den Lippen, gezielt waren die Pointen gesetzt. Dabei durchaus so, als suchte er nach der besten Formulierung, und das mit treuherzigem Gesicht. Immer den Blick zwischen Blach und der Staatsgewalt hin und her, als wollte er dem einen versichern, daß hier ein verantwortungsbewußter Bürger die Wahrheit offenbare, und als bitte er den anderen flehentlich, ihn nicht zu verdammen. Denn er sei nicht aus freien Stücken hier, und was er sage, das habe die Staatsgewalt ihm entrissen.

Er hat es wiedergegeben, wie es war, sagte Blach zu Samuel. Und doch war es nicht die Wahrheit.

Typische Windbluse und so, sagte Banzer, und einer mit viel Lametta und Klingeling hat uns verbieten wollen, daß wir ohne Uniform hingehen. Oder ihr kommt in Uniform, schrie er. Haben wir aber nicht gemacht. Dann wollten sie uns verbieten, an den Fliegerhang zu gehen. Immerhin hatten sie schon einige Jugendfreunde, oder wie hießen wir damals, Jugendfreunde wohl nicht. Kameraden, also, das hab' ich vergessen, wie wir uns schimpften, jedenfalls hatten sie einige von den Blauen zu den Braunen versetzt. Bloß wir beide, typische Zivilisten, sind ohne Erlaubnis zum Hang gegangen.

Wir mußten bauen, Segelflugzeuge bauen. Und der immer weiter uns angemeckert. Mit Ausschluß gedroht. Was uns nicht viel ausmachte. Aber wir dachten, vielleicht hat das Folgen nachher. Wir sind dann zum Obermacker beim Fliegerkorps gegangen und haben gesagt, immer wir beide, Blach und ich, Herr Neumann, was sollen wir machen, die wollen uns rausschmeißen.

Na, ihr Schludrichs, sagte Herr Neumann, dann müßt ihr eben die Uniform anziehen.

Nö, machen wir nicht. Wissen Sie, Hohes Gericht, was der gesagt hat? Der hat gesagt, wie alt seid ihr? Ich war neunzehn, Blach siebzehn. Da hat er Fragebogen rausgeholt für den Aufnahmeantrag in das Fliegerkorps. Blach sagte noch: Herr Neumann, Fliegerkorps ist ab achtzehn, Neumann aber sagt: Halts Maul. Da hat er sich bei Blach verguckt im Geburtsjahr.

Wie oft wohl hatte Banzer im Verlauf der letzten Jahrzehnte in den Gesichtern seiner Zuhörer und Zuschauer gelesen, welcher Ausdruck zu Tränen rührt, welche Miene zum Lachen reizt, welche Handbewegung die Ehrlichkeit seiner Erzählung unterstreicht.

So ist aus dem rohen unartikulierten Stammeln eine Story geworden, sagte Blach. Zuerst vor den Kommissionen der neuen Ordnung, dann vor der Schulklasse, im Bett der Geliebten, am Ohr des Freundes, bei Festreden, bei Empfängen, vor hochgestelltem Besuch, schließlich in Versammlungen, überall dort, wo Bekenntnisse möglich und nötig sind.

Wir sind dem um den Hals gefallen vor Freude, rief Banzer, vor allem Blach. Aber für Blach hat es hinterher einen Nachteil gehabt oder einen Vorteil, ich weiß nicht, wie er das jetzt einschätzt. Seitdem jedenfalls war er offiziell immer zwei Jahre älter, nämlich so alt wie ich, obwohl er zwei Jahre jünger ist. Er wurde bald danach Flugzeugführer, und genau genommen war er damals erst neunzehn. Bloß in seinen Papieren stand einundzwanzig.

Kommen Sie zur Sache, sagte der Scheidungsrichter.

Weil Sie nach dem Kampfflugzeug fragten, sagte Banzer. Ich war Navigator, er Flugzeugführer, und wir beide in derselben Maschine. Ich hatte mit Bomben und dem Maschinengewehr nichts zu tun. Dazu war ich nicht ausgebildet.

Einen Moment, Herr Banzer, sagte der Scheidungsrichter, wollen Sie damit sagen, daß Herr Blach mit der Bordwaffe auf fliehende Menschen geschossen hat? Eine Frage, die ihm in der Ehescheidungssache nicht zustand, aber er war ein junger Mann, der noch wenig vom Leben kannte.

Das haben Sie gesagt, Herr Richter, rief Banzer, ich sage, gefeuert hat unser Heckschütze.

Er versuchte immer wieder, sagte Blach, als er die Geschichte später Samuel erzählte, sich reinzuwaschen. Mag es seine Wahrheit sein, an die er glaubt, meine ist es nicht.

Hatte der Flugzeugführer nicht auch ein Maschinengewehr? fragte der Scheidungsrichter, und Blach wollte aufstehen und sich weitere Fragen dieser Art verbitten. Der Scheidungsricher schien so etwas zu erwarten, denn er schaute ängstlich auf Blach, der aber blieb sitzen, das Gespräch der beiden fesselte ihn.

Natürlich hatte er ein Maschinengewehr, sagte Banzer, ich nicht, er ja, für Luftkämpfe und so. Und er hatte Knöpfe, um die Bomben abzuschmeißen, aber nicht den Auftrag, mit dem Maschinengewehr einzugreifen. Den hatte der Heckschütze. Der ballerte auf die Leute, die abhauen wollten. Ja, es stimmt, auch Blach hat mit der Bordkanone gefeuert.

Er mußte feuern, wenn er vom Kommodore den Befehl dazu erhielt. Aber er hat absichtlich daneben gefeuert. Ich als Navigator, der außerdem die Aufgabe hatte, Treffer zu zählen und zu melden, habe die Berichte gefälscht. Nicht etwa, daß Blach mich darum gebeten hätte, das nicht. Im Dienst waren wir keine Freunde, nur im Privaten, und er brauchte mich im Privaten nicht um etwas bitten, was ich im Dienst für meine Freundespflicht hielt. Ich weiß nicht, ob Blach jemals gemerkt hat, was ich für ihn getan habe, weiß auch nicht, ob er verstanden hat, wie gefährlich es war, ihn auf unauffällige Art zu decken, wenn Sie verstehen, Herr Richter, wie ich das meine, sagte Banzer.

Blach hatte es Vera in der Hochzeitsnacht erzählt,

von andauernden Weinkrämpfen unterbrochen. Vera wußte nicht, was das sollte, wieso heult der, ich denke, es ist Krieg. Das Ganze war ihr peinlich. Was sollte sie nun ihren Freundinnen erzählen, die giftig zu ihr waren vor Neid, daß sie sich einen der raren Flieger geangelt hatte. Nicht für eine Nacht, wozu jede von ihnen mit Freuden bereit gewesen wäre. Fürs ganze Leben. Mit Ehrenspalier des Geschwaders, mit weißem Schleier, Galauniform und Sonderurlaub in den Vogesen, ganz groß Klavier mit Geige, wie es damals hieß.

Und während Blach erzählte und dabei von Weinkrämpfen geschüttelt wurde, animiert durch das Weiche, Durchbohrbare neben sich, lag sie mit offenen Augen und grübelte, wie sie sich am kommenden Morgen vor ihren Freundinnen trotz allem aufspielen könnte. Trotzdem war diese Hochzeitsnacht für beide das große Erlebnis. Er hatte Tränen und Sperma über sie und in sie geleert, und sie hatte am nächsten Morgen für die Freundinnen eine Geschichte: Wie die Franzosen in ihrer Heimtücke nichtsahnende deutsche Flieger aus Heuhaufen heraus abknallen, wie sie friedlich dahinfliegende Maschinen aus armseligen Wäldchen mit Gewehrsalven runterholen, was natürlich schwer möglich ist, aber in meinem Mann seinem Geschwader ist es zwei seiner Kameraden passiert. Heckenschützen lauern überall auf den deutschen Soldaten in Frankreich. Und dann wundern die sich, wenn unseren Fliegern der Kragen platzt und sie mit Maschinengewehren rattattattatta die Felder oder ein

Dorf beharken. Verständnislos stand Blach in der Tür und hörte zu, was sein Frauchen plapperte.

Konnte und wollte es nicht fassen. Hatte sie sich verhört? Hatte er nicht klar genug gesprochen, oder verhörte er sich jetzt? Erzählte auch die nächste Nacht, nun ohne Tränen, dafür mit wachsender Entschlossenheit, daß er genug habe und nicht mehr weitermachen wolle. Die darauffolgende Nacht wieder, diesmal in den Vogesen, Fliegerheim. Auf den Ellbogen gestützt, über sie gebeugt, redete er auf sie ein. Sie lag stumm, all ihrer Weichbrüstigkeit zum Trotz hart wie ein Brett, entsetzt, die großen Augen zur Decke gerichtet, und wußte nicht, was sie machen sollte, ihn umarmen oder ihn melden. Sie konnte beides nicht, einen Feigling nicht umarmen und ihren Mann nicht melden. Er spürte, wie sehr es sie entsetzte, ja abstieß, was er ihr beichtete, und er konnte nicht aufhören, ihr zu sagen, daß er fehl sei bei den Kampffliegern. Er sei Flieger mit Leib und Seele, aber er sehe nicht ein, wieso er aus der Luft Bomben auf Dörfer und Städte abwerfen solle und aus der Luft mit dem Maschinengewehr auf fliehende Menschen schießen. Er schieße absichtlich daneben, flüsterte es in ihr Ohr, Wände sind manchmal hellhörig. Er wartete darauf, daß sie etwas sagte, es war ihm egal, ob sie ungläubig, entsetzt oder verständnisvoll antwortete. Sie hätte ihn auch Lächerlichkeiten fragen können, ebenso flüsternd wie er: Und die Bomben? Sie aber fragte nicht, schaute nur, so daß er damit anfangen mußte:

Ich habs versucht, es ist unmöglich, beim Bombenwurf werden die Treffer gezählt.

Der Navigator zähle sie und melde sie dem Chef. Er, Blach, bekomme den Befehl, die Bombenluken zu öffnen. Er sehe zwar nicht, was er anrichte, aber das, was die Maschinen vor ihm anrichteten, das sehe er deutlich. Er wisse nicht, wozu er Dörfer bombardiere. Am liebsten wolle er abhauen, aber wohin?

Der Gedanke abzuhauen, war ihr neu und fremd. Gab's das? Ein Deutscher aus Deutschland abhauen? In die Kolonien, davon hatte sie im Lesebuch gelesen, aber die gab es nicht mehr. Von Australien hatte sie gehört und von Amerika, wie sie vor unausdenklichen Zeiten dorthin ausgewandert waren. Unter der Zarin Katharina sogar an die Wolga, weil sie in Deutschland keine Lebenschancen hatten.

Aber jetzt hieß es, alle Deutschen heim ins Reich. Dazu führten sie Krieg. Alle die Ausgewanderten der letzten vierhundert Jahre, jetzt hatten sie das Land gefunden, nach dem sie in der Fremde vergebens gesucht hatten. Und dieser Nackte da, bei dem sie sich nicht vorstellen konnte, daß er die schöne blaue Uniform mit den schönen silbernen Schwingen trug, die Mütze schief und vorne geknifft, der wollte was? abhauen?

Sie begriff nicht, was er sagte, es war zu kompliziert. Sie war ein modernes Mädchen, keine Intellektuelle. Sie wollte ihm eine treue Ehefrau sein, dazu Dienstbolzen in der Küche, Lady in Gesellschaft und, wie die Mädchen kicherten, Hure im Bett.

Hinzu kam, daß er bald wieder an die Front mußte, und auf jedem Schulungsabend hatten sie den Mädchen eingeschärft: Keine Tränen beim Abschied, der Liebste zieht für euch ins Feld. Es wäre Vaterlandsverrat, ihn schweren Herzens an die Front zu entlassen. Blach aber wollte nicht an die Front, ging dann aber doch. Dann, als die Abschiedsstunde kam, sie fröhlich von ihm Abschied nahm. Dreißig Flieger stiegen in den Zug.

Dreißig Mädchen blieben zurück. Dreißig Flieger winkten lachend. Dreißig Mädchen reichten ihnen Blumen ins Abteil. Dreißig junge Männer winkten aus dem Zug. Dreißig Mädchen warfen Kußhändchen, zogen Taschentücher, um zu winken. Tränen blinkten, aber sie waren sehr traurig nicht gemeint. Und inmitten der Flieger Blach, Ehemann. Und inmitten der Mädchen Vera, Ehefrau, mit einem Kindchen unterm Herzen, was sie damals aber noch nicht wußte. Von diesem Augenblick an sahen sie sich eine Ewigkeit nicht. Sie sahen sich erst wieder, als nach fünf Jahren ein ernster Herr von achtundzwanzig auf sie zutrat, weißes Haar, Brille, Trenchcoat, wie er in Amerika Mode war. Blach stand vor einem dürren, fröstelnden Mädchen im fipsigen Kleid, sie an der Hand das plärrende Kind. Sie wußten nicht, was sie miteinander anfangen sollten. Sein unkonzentrierter Versuch, der ehelichen Pflicht nachzukommen, scheiterte daran, daß sie in Tränen ausbrach und sagte, sie könne nicht, er solle ihr Zeit lassen. Er fragte nicht einmal weshalb, so egal war es ihm.

Dann aber war sie es, die, auf den Ellbogen gestützt, halb über ihn gebeugt, auf ihn einredete. Von einem Versteck erzählte sie, in dem sie sich tage- und nächtelang aufgehalten habe, das Gesicht rußgeschwärzt, auf dem bloßen Leib Bandagen, um die großen weichen Brüste platt zu pressen. Feste Hosen und Stiefel und darüber das Dreckigste und Zerschlissenste, das aufzutreiben war. Bucklig gekrümmter Rücken, Blick zur Erde, ein Elend von Gestalt. Haar aufgesteckt und unter einem Männerhut mit Kinnriemen aus Gummiband verborgen. Und dennoch und trotzdem und als ob sie es riechen würden, die fremden Soldaten, fanden sie das Versteck. Die Großmutter brüllte noch, nehmt mich. Sie wurde genommen. Die Mutter wurde genommen.

Die Tochter wurde genommen. Blach aber lag da, hatte nicht richtig hingehört, fragte sich, wer hat wen wozu genommen? Was kümmerte ihn die Frau mit dem plärrenden Balg, das er samt dem Bettchen in die Küche geschoben hatte, um ungestört die eheliche Pflicht zu erfüllen. Wenn sie jetzt keine Lust hat, ich hab auch keine Lust. Und wieso hat sie sich bandagiert damals, wozu die Räuberpistole, die ganz unglaublich klingt. Allein der Gedanke. Im Kartoffelkeller, in einer Kartoffelbuchte, wo es seit Jahr und Tag keine Kartoffeln gibt.

Viertes Kapitel

Davor Sperrmüll, kaputter Kinderwagen, Nähmaschine, Kiste mit Sägespänen, Fahrradreifen, Hobelbank, verrostetes Ofenrohr, eisernes Bettgestell mit Messingknäufen, Standuhr, Handwagen, Heringstonne, Sauerkrautfäßchen aus Steingut und der Lautsprechertrichter eines Grammofons, alles übereinander und nebeneinander gestapelt, die durchscheinenden Stellen mit Kartons zugestellt und mit Lumpen verhängt, dahinter Mutter und Tochter. Die Großmutter schleppte Lebensmittel und Nachrichten heran. Blach lag auf dem Rücken, das Gesicht zur Zimmerdecke gerichtet, die Zigarette, Camel, ließ er in kleinen Bögen langsam zwischen Aschenbecher und Lippen auf und nieder wippen. Vera redete auf ihn ein, erst in der dritten Nacht begriff er. Da legte er die freie Hand auf ihre Schulter, streichelnd. Worauf Vera in Weinen ausbrach, sich über ihn warf und ihn mit Tränen und Rotz beschmierte, während er die Zigarette ausgehen ließ und die Frau, die über ihm lag, vor Mitleid mit beiden Armen umfing, sie liebkoste, sie auf die Augen küßte und ihr die Haarsträhnen aus dem Gesicht strich. Noch Jahre danach passierte es, daß er im Schlaf schreiend aufsprang oder daß sie nachts wimmernd durch die Wohnung lief, beide aus Angst und Ekel. Dann kam das zweite Kind. Zu dieser Zeit waren Ängste und Ekel zurückgedrängt, bei Vera ganz, bei Blach dadurch, daß er in Gedanken versuchte, der Situation allmählich Herr zu werden.

Was ist los? sagte er, da drücken die mir ein Maschinengewehr in die Hand und sagen, los, schießen, wenn du nicht schießt, bist du eine Leiche. Und ich? Schieße, aus Angst, erschossen zu werden. Knall Menschen ab, die ich nicht kenne, die mir egal sind. Knall sie ab, weil einer, Banzer, aufpaßt, ob der Befehl ordentlich ausgeführt wird, weil einer, Banzer, mich verwarnt, daß er es melden müßte, wenn ich, wie ich es versucht habe, vorbeischießen würde. Immer die Angst vor Banzer, wird er es melden oder nicht?

Entgegen seinen goldenen Lebensregeln, kindlichen, uneinsichtigen, hatte er Befehlen gehorcht. Denjenigen gehorcht, die über Macht verfügten oder vorgaben, über sie zu verfügen. Sein Denken kreiste um Verbotenes. Fahnenflucht, Befehlsverweigerung, Verständigung mit dem Feind, Überlaufen zum Feind. Weigerung zu schießen und zu kämpfen. Auf alles, woran er glaubte, stand als Strafe: der Tod. Es gingen Gerüchte um, die von erschossenen Verrätern sprachen. Nachgegangen war er den Gerüchten nicht. Die Grenzen, die ihm gesetzt waren, hatte er nicht angetastet, nicht überschritten. Aus Angst um sein Leben hatte er gegen seinen Willen und entgegen seinem Mitleiden getan, was sie von ihm verlangten.

Es war nicht nur Angst, es war das fatale Gefühl, in der Falle zu sitzen. Schlüpf du nur aus deiner Falle, die nächste wartet schon auf dich.

In jener tränen- und spermaverschmierten Hochzeitsnacht im Jahre dreiundvierzig, dreiundzwanzig Jahre alt er, sechzehn Jahre alt sie, hatte er ihr davon erzählt, seitdem nie mehr. Er hatte seinen Ekel ausgekotzt vor sich und seinen Taten. Er brauchte eine Antwort. Bekommen hat er sie nicht. Als er im verzweifelten Gesichtsausdruck seiner Frau spürte, wie gefährlich es war, sich zu offenbaren, verstummte er mehr und mehr, und im Verstummen erkannte er, daß Ehre hier Schande dort bedeutete; daß Vaterland, heilig, Unterschlupf organisierter Banden war; daß Treue ihn zum Verrat anstiftete. Je öfter er darüber nachdachte, desto mehr erleichtert fühlte er sich mehr erleichtert denn verwirrt.

Wozu das Gewimmer von Ehre, Vaterland und Treue, sagte Blach, wenn sie dich damit kaputt machen, aber wenn du die Nase voll hast und weg willst, schreit alles Verrat.

Niemand kann ohne Vaterland leben, sagte Banzer.

Ich schon, sagte Blach.

Ein vaterlandsloser Gesell zu sein, sagte Banzer, das, mein Lieber, hieß in unserer Kindheit miserable Gesinnung.

Sie hatten damals im Schatten einer Buche gesessen, kaum daß Blach wieder in Wilhelmsburg war.

Banzer war unruhig geworden, hatte in die Baumkrone geschaut, in der es rauschte, aufflog und knackte, und manchmal fiel etwas herab. Banzer trug Klappstühle und Tisch auf die Wiese hinaus. Da fragte sich Blach, warum er nach Wilhelmsburg zurückgekehrt war.

Er hätte in England bleiben können. Es gab Angebote. Im Lager hatte Blach entschlossen und in kurzer Zeit Englisch gelernt, hatte Landessitte, Historie und Künste begriffen. Einer, der sich derart vorbereitet, spielt nicht nur mit dem Gedanken, sich ein neues Land zu suchen. Er hat eine klare Vorstellung, welches Land wohl in Frage käme. Blach suchte nach einem Ort, wo er leben konnte. An Wilhelmsburg dachte er damals nur in wirren Träumen, in denen hin und wieder eine Mädchen-Frau ohne Gesicht und mit umfangreichen und geräumigen Sexualorganen eine Rolle spielte.

Von der Schreibstube des Lagers wurde er in die Schreibstube des englischen Regimentsstabes versetzt, wo er einen homosexuellen Sergeanten ablöste. Dann kam er, immer als Gefangener und dennoch frei, ins Bürgermeisteramt von Skelmersgreen, einer kleinen Landgemeinde im Mittelenglischen, wo sich die Tochter des ansässigen Drugstore-Besitzers in ihn verliebte.

Er aber ließ, trotz verzweifelter Angebote, das

Mädchen unangetastet, ohne es dabei seelisch zu verletzen, was ihm in Skelmersgreen hohes Ansehen verschaffte. Sein Verhältnis mit Patty, der Witwe eines englischen Invasionshelden, erhöhte sein Ansehen. In der kleinen und dummen Gemeinde wurde die Affäre zur rührenden Story von Schuld und Sühne. Er hätte nur fünf Jahre zu warten brauchen, und sie hätten ihm den englischen Paß zugesteckt, denn sie waren an seinen Diensten interessiert. Von Skelmersgreen aber ging er, eigene Interessen verfolgend, nach Lyon, wo er als Feinmechaniker bald ein gesuchter Mann war. Patty folgte ihm.

Trotz einer abgebrochenen feinmechanischen Ausbildung in Wilhelmsburg wurde er bald perfekt in allem, was er anfaßte. Patty bat ihn, flehte ihn an, nach Skelmersgreen zurückzukehren. Eine Zukunft in Frankreich, das sah Blach ein, hätte für ihn wahrscheinlich tragisch geendet. Er galt behördlicherseits als ein in Frankreich lebender Engländer deutscher Abstammung.

Womöglich kommt der nächste Krieg, sagte Patty drangend, dann forschen sie genauer, und du wirst als Deutscher interniert, als Spion erschossen. England, sagte Patty, ist in der Beziehung nicht so engherzig. Immerhin haben wir vierhundert Jahre lang ein Weltimperium zum Vorteil für alle Beteiligten verwaltet.

Gut, sagte Blach, schrieb es ihr auch, als sie wieder in England war, schrieb es und bat sie, sich einige Wochen zu gedulden.

Was zögerst du, schrieb Patty, spürst du nicht, wie Krieg kommt? Er wird schrecklicher als der letzte.

Sie würden in England in Sicherheit sein. Notfalls könnten sie nach Kanada gehen, wo auch England sei, oder nach Kenia, nach Australien, nach Indien oder auf die Seychellen, denn England sei überall. Blach mochte diese Liebesbriefe, und er antwortete, daß er sich ernsthaft mit solchen Reiseplänen trage. Er solle seine Scheidung betreiben, schrieb Patty. Das brachte Blach auf den Gedanken, tatsächlich einen Brief nach Wilhelmsburg zu schicken. Nicht, um das von Patty gewünschte Verfahren einzuleiten, sondern um zu sehen, wie sich die Verhältnisse dort entwickelten.

Vera schrieb ihm und unerwartet auch sein alter Freund Banzer, Werner, Segelfliegerfreund, Staffelkamerad, Kumpel, Kumpan gemeinsamer Tat, als Navigator beauftragt, Blachs Treffer zu zählen. Und dieser Banzer malte ein bewegendes Bild von den neuen Wilhelmsburger Zuständen, lobte die Wohltaten der Besatzungsmacht, pries die Demokratie im Lande, die Schönheit Veras und die Intelligenz des Knaben Robert. Blach hatte demnach, wie er verblüfft begriff, nicht nur eine Frau, die er nicht kannte, sondern auch einen Sohn.

Der kann schon, schrieb Banzer, den Satz: Seid bereit zum Kampf für den Frieden mit schöner Betonung aufsagen.

Im Profil ähnele er Blach wie aus dem Gesicht geschnitten. Aber Blach traute seinem Freund aus alten

Tagen nicht. Von Patty beeinflußt, kam die alte Angst in ihm hoch, in eine Falle gelockt zu werden. Deshalb stieg er mit gepackten Koffern nicht in das Schiff nach Dover, sondern in das nach New York, wo ihn die dortigen Behörden als Spezialist für deutsche fliegende Waffen erwarteten. Da erst begann er über den Brief von Banzer gründlich nachzudenken, mit dem Ergebnis, daß ihm eine Rückkehr nach Wilhelmsburg so ausgeschlossen nicht mehr erschien.

Und die ganze Odyssee des Mannes Blach durch die westliche Welt, von Skelmersgreen nach Lyon, von Lyon nach New York, von New York nach Haus, dauerte nicht, wie Skeptiker vermuten könnten, vierzehn Jahre, sondern vierzehn Monate. Er verließ Amerika, das er insgeheim schon die Staaten nannte, so sehr hatte er sich an die Lebensweise dort gewöhnt. Weil er nicht die Absicht hatte, Leute über fliegende deutsche Waffen zu beraten. Vom Stalldunst der Heimat verlockt, war er nach Wilhelmsburg zurückgekehrt, auf dem Bahnhof freudig empfangen von Banzer und einer ihm fremden Frau mit ihrem schreienden Balg an der Hand.

Von Banzer dirigiert, wurde er hochgestellten Persönlichkeiten der Stadt vorgestellt, am ersten Tag bereits dem neuen Direktor der Feinmechanischen Fabriken von Wilhelmsburg, einem Herrn Knauer, zu dem Blach nur langsam Vertrauen faßte. Erstaunt beobachtete er den schweren, fleischigen Mann, der, wie es hieß, just in jenen Jahren schwer gelitten hatte, als Blach sich mit Fliegerischem befaßte.

Auch Knauer, das war auffällig, beobachtete erstaunt diesen Mann, der heimgekehrt war und von dem es hieß, daß er einer der Kühnen sei. Langsam fanden beide Gefallen aneinander, der ehemalige Lagerinsasse zum Flieger, und der armselig Heimgekehrte zum Direktor. Knauer tat, als sei die Welt eigens für ihn geschaffen und er berufen, das Fehlerhafte in ihr gelassen und überlegen zu beseitigen. Ein Gedanke, für den sich Blach erwärmte.

Nun, Herr Blach, sagte nach einiger Zeit Knauer, wie finden Sie unser neues Wilhelmsburg?

Große Hoffnungen, sagte Blach, habe ich an meine Rückkehr nicht geknüpft.

Blach hatte nichts zu verkünden. Andere hingegen, Banzer zum Beispiel, verstanden durchaus, darüber zu reden, wie man sie betrogen hatte, was sie aus Krieg und Lager heimbrachten. Befremdend, wie sie sich dramatisch auf die Brust schlugen, das Hemd aufrissen, daß die Knöpfe sprangen. Wie sie leugneten und flennten.

Warten wir die Zeit ab, sagte Blach, es wird sich zeigen, wer aus der Vergangenheit gelernt hat und was aus der Vergangenheit zu lernen lohnt.

Blach war entschlossen, nicht zu leugnen, er war entschlossen, die Verantwortung für sich zu übernehmen. Er wollte Rede und Antwort stehen für die von ihm begangenen Taten. Jahrzehnte blieb dieser Gedanke in ihm lebendig. Eine Zeitlang sogar bemitleidete sich Blach, daß sie ihm nicht den Prozeß machten.

Schon in England nicht. Dort hatten sich für ihn nur der Abwehroffizier interessiert und der Psychologe. Der Abwehroffizier, um die deutschen Elitesoldaten des Lagers zu kontrollieren, der Psychologe, um ihre Interessen zu analysieren mit dem Ziel, Abartigkeiten festzuhalten.

Vielleicht ließ sich der deutsche Wahn als Massenerkrankung erklären, die psychische Monster hervorgebracht hatte. An Verhandlung über Blachs Taten, an Verurteilung und Sühne dachte in England niemand. In der Fremde hatte Blach gehört, daß in Wilhelmsburg Schuldige verhaftet wurden, die an geheimnisvollen Stätten ihre Strafe verbüßten. Als er nach Hause zurückkehrte, gab es diese Art der Schuldverbüßung nicht mehr. Nicht ordentlich verurteilt zu sein, nicht büßen zu dürfen, nicht in Sack und Asche gehen zu dürfen, von Wärtern bewacht, das hielt Blach lange Zeit für eine Erniedrigung. Er wollte und wünschte, daß ihm durch Strafe und Buße vergeben werde. Aber war es vernünftig, Vergebung zu erwarten, die er nur erkaufen konnte mit neuen Taten? Blach wollte nicht mehr Taten vollbringen. Lauernd lauschte er den neuen Liedern, die auf den Straßen gesungen wurden. Lauernd sah er den neuen Kolonnen hinterher, die beim Klang des Kalbfells marschierten. Lauernd hörte er, sah und fühlte er, schmeckte er das, was sie das neue Leben nannten.

Neu? sagte Samuel.

Die Farbe der Uniform hatte gewechselt, die Richtung der Racheschwüre.

Diesen Untergang solltest du auslassen, sagte Samuel, in diesen Untergang folge ihnen nicht.

Blach, rief Banzer verzweifelt, versuch's wenigstens. Ich habe dich nach Hause geholt. Ohne mich wärst du in Amerika verreckt. Versuch's mir zuliebe.

Schau dir diesen Banzer genau an, sagte Samuel, dann weißt du, wie der in zehn Jahren redet.

Banzer, dessen schmales und empfindsam wirkendes Gesicht unter dem Ansturm edler Gefühle bebte, dessen warmes und feuchtes Aug treuherzig Blachs Blick suchte. Dessen Narbe seinem Gesicht jenen vertrauenerweckenden Zug leidvoll überstandener Gefahren gab.

Fünftes Kapitel

War es Trotz, daß Blach Wilhelmsburg nicht verließ, sondern blieb? Bequemlichkeit? Knauer bremste die beiden immer, wenn sie sich stritten, ob es richtig sei oder nicht, sich nach einem solchen Zusammenbruch noch einmal für etwas einzusetzen.

Blach bemerkte, daß Knauer unglücklich dreinsah beim Anhören der Sätze, die Banzer so sehr aufregten. Alle Menschen sind gleich. Gleicher Lohn für gleiche Arbeit. Keine Gleichmacherei. Stadt und Land Hand in Hand. Eigentum ist Diebstahl. Freiheit, Gleichheit, Brüderlichkeit. Hände weg von Rußland. Friede den Hütten, Krieg den Palästen. Ohne mich. Was Banzer im Hinblick auf die Möglichkeit neuer Armeen in Deutschland meinte, sich aber vernünftigerweise gleich korrigierte: Wenn vielleicht doch, dann diesmal auf der richtigen Seite.

Dann folgte die Phrase vom Minister, der ein Erster unter Gleichen sei. Die bürgerliche Ehe sei vertraglich gesicherte Prostitution und müsse durch die freie Ehe ersetzt werden. Andererseits sei die Ehe die kleinste

Zelle der Gesellschaft. Wie sich Banzer damals in dem Kuddelmuddel seiner Gedanken zurechtfand, war Blach ein Rätsel. Internationale Solidarität. Die Ausbeuter werden enteignet. Religion ist Opium für das Volk. Aneinandergereihte Sprüche aus hundert Jahren sozialistischer Vorstellungen. Wer Hitler wählt, wählt den Krieg. Erstaunlich, wie unersättlich Banzer diese Leitsätze zusammensuchte und sie inhaltlich miteinander verknüpfte. Knauer warf wie warnend oder vielleicht der Vollständigkeit halber ein:

Diktatur der Tätigen, wobei Banzer mit ungeduldiger Hand abwinkte. Ich bin von der Vernunft unserer Sache überzeugt, sagte Knauer, warten wir doch ab, wofür Sie, Herr Blach, sich entscheiden können.

Mehr und mehr überhörte Blach das Lamentieren ringsum, erkannte es als leider unerläßliches Beiwerk einer vernünftigen Sache. Der Wilhelmsburger Gesichtspunkt der Vernunft, wie Knauer spöttisch sagte.

Als Blach aus Amerika nach Wilhelmsburg zurückkehrte, war Knauer Direktor der Feinmechanischen Fabriken, die später das Jagdwaffenwerk wurden. Damals wurden die intakt gebliebenen Maschinen abmontiert, verladen und außer Landes geschafft. Was aus den zerbombten Feinmechanischen Fabriken an Maschinen geborgen werden konnte, wurde repariert und aufgestellt. Zuerst stellten sie statt Nähmaschinen Kochtöpfe her, statt chirurgischer Instrumente Äxte und Brecheisen, statt Mikroskopen Maurerkellen, statt Uhren Schlüsselrohlinge und Eßlöffel.

Dann hieß es, wir bauen Panzerketten. Eines Tages klingelte es an der Wohnungstür. Blach war überrascht, Knauer vor sich zu sehen.

Schön, daß Sie kommen, sagte Blach, ich habe mich schon mit dem Gedanken getragen, sie zu besuchen.

Was tun Sie da? fragte Knauer und wies auf den Schreibtisch, wo Stapel von Büchern standen, dazu ein Haufen beschriebener Blätter, sieht mächtig nach Arbeit aus.

Ist aber keine, sagte Blach, sondern Zeitvertreib, ich habe als Kind eine Zitatensammlung begonnen, und diese Marotte fesselt mich immer noch.

Warum schreiben Sie nicht Tagebuch? fragte Knauer.

Er sei nicht selbstkritisch genug, sagte Blach, außerdem dauere es lange, bis er komplizierte Zusammenhänge begreife.

Sie? rief Knauer lachend, ein Mann, der mehrere Sprachen spricht.

Das sei durch Fleiß erworben, sagte Blach, nicht durch Genie, und er fing an zu erzählen, aber Knauer unterbrach ihn.

Lassen Sie die Vergangenheit aus dem Spiel, sagte er, sagen Sie mir lieber, wie Sie sich die Zukunft vorstellen.

Die Gegenwart sei wichtig, sagte Knauer, und die Zukunft und die Vergangenheit ein Dreck, gemessen an den Problemen, vor denen sie stünden. Es zähle nicht, was einer gewesen, es zähle, ob er ein ehrlicher

Mann sei. Ein Wort, das Blach bewegte. Denn es gehe darum, daß sie die nächsten fünf Jahre überlebten. Eine kurze Zeitspanne. Es dürfe nicht geschehen, daß auch dieser Versuch scheitere, in Deutschland eine Demokratie einzurichten.

Hören Sie, sagte Knauer, Sie sollten National-Ökonomie studieren. Gehen Sie nach Tübingen, studieren Sie dort, und kehren Sie zurück.

Wilhelmsburg benötige als Chef der Wirtschaft einen versierten Nationalökonomen. In dieser Welt der Glücksritter und Propheten wäre die feste Hand des bürgerlichen Wirtschaftlers eine der Voraussetzungen für den politischen Sieg.

Er sei leider ohne Ehrgeiz, sagte Blach, er wolle in Ruhe leben.

Ob das die Schlußfolgerung sei, die er aus der Vergangenheit gezogen habe, wollte Knauer wissen, was Blach bejahte.

Schade, sagte Knauer, aber verständlich.

Blach und Knauer redeten sich in der Zeit ihrer Freundschaft immer mit Sie an, Banzer hingegen, seinem Charakter entsprechend und seiner politischen Einstellung, duzte sich mit Knauer.

Was ist, sagte Blach einmal vorsichtig, um Knauer nicht zu verletzen, man hört viel von der Willkür der neuen Ordnung.

Blach wollte sich nicht festlegen, sprach allgemein von anders denkenden, von sozialdemokratischen Arbeitern, von Arbeitern, die sich ihr Streikrecht nicht nehmen lassen wollten. Sein Vater sei so einer gewesen, gefallen im Krieg, leider. Würde er heute leben, für seine Überzeugung einstehen könne er nicht. Denn den Munkeleien zufolge würden diejenigen eingesperrt, die ihre Überzeugung nicht verleugneten. Die Zeit der Axt sei wohl vorbei, aber gebe es nicht Deportationen? Was denn verbrecherisch an einem Sozi sei? Gott sei Dank, dachte Blach, bin ich mit Knauer allein, Knauers Frau würde gleich von Nazigeist reden, wie man von einem Gespenst in einem Spukschloß redet.

Er solle sich nicht durch Gerüchte nervös machen lassen, sagte Knauer, seine Sache sei gerecht, sie habe das Ziel, Willkür, Gewalttat und Rechtlosigkeit aus der Welt zu schaffen. Aber natürlich könne es zu willkürlichen Maßnahmen kommen.

Was dann? fragte Blach.

Das fragen Sie? sagte Knauer, dann steht ein ehrlicher Mann auf und wehrt sich.

Aber die Behörden werden den Aufsässigen bestrafen, sagte Blach.

Das ist Art der Behörden, sagte Knauer, was meinen Sie, Herr Blach, könnte Strafe einen ehrlichen Mann daran hindern, seine Meinung zu sagen?

Doch, sagte Blach, wenn die angedrohte Strafe hoch ist.

Nein, sagte Knauer, auch eine hohe Strafe nicht.

Auch nicht, wenn es Zuchthaus kostet? fragte Blach.

Auch dann nicht, sagte Knauer.

Auch nicht, wenn es den Kopf kostet? fragte Blach.

Auch nicht, wenn es den Kopf kostet, sagte Knauer, ein ehrlicher Mann läßt sich seine Wahrheit durch nichts abkaufen.

Blach wußte, daß Knauer so zu ihm sprach, weil er den ehemaligen Kampfflieger von der überlegenen Moral seiner Sache überzeugen wollte, der er diente, und es machte ihn traurig.

Blach lauschte den Reden, die Knauer hielt, die ohne Umschweife waren, sachlich und schlicht wie ihre Gespräche, in denen er die in Wilhelmsburg gebräuchlichen pompösen Worte vermied. Banzer beklagte sich oft darüber, daß Knauer seine Reden ohne Glanz vortrug, was dieser lachend von sich wies.

Für den Glanz, rief er, habe ich meine Glänzer, für die Sache, da habe ich meine Denker, und da, wo es kompliziert wird, habe ich mich.

Es entstand ein Streit, den Banzer vom Zaune brach. Ob nicht eine gute Sache, glanzlos vorgetragen, der Sache schade. Blach mischte sich in diesen ihn befremdenden Streit nicht ein. Er beobachtete Knauer bei dessen fachlichen Entscheidungen, und er fand, für einen ohne Ingenieurausbildung waren sie beachtlich. Das Erstaunlichste an Knauer aber war dessen Bescheidenheit. Banzer hatte lange den Verdacht, daß Blach einem ungebrochenen Mann wie Knauer gern würde nacheifern wollen. Blach aber war ein von den Verhältnissen durch Furcht und Einsicht seelisch verkrüppelter Mensch.

Eines Tages hieß es, die Leitenden & Führenden in den Wilhelmsburger Feinmechanischen Fabriken würden Lebensmittelpakete als Ansporn zur Leistungssteigerung erhalten. Blach, der auch auf der Empfängerliste stand, wies das Paket beleidigt zurück. Banzer, der nicht auf der Liste stand, das Prinzip der bevorzugten Belohnung aber verteidigte, stellte Blach zur Rede und schimpfte ihn einen Gleichmacher. Blach wunderte sich, daß ein Wort von positivem Inhalt als Beschimpfung gebraucht werden konnte. Eigenartigerweise machte ihm auch Knauer Vorwürfe.

Es ist nicht gut, Herr Blach, sagte er, so eine Kostbarkeit wie Lebensmittel aus Hochmut zurückzuweisen.

Wieso schafft die neue Ordnung auf so hinterhältige Weise neue Privilegien? rief Blach.

Auch unsere Sache, sagte Knauer, kann nicht existieren ohne Privilegierte und Benachteiligte, wir streben die Gleichheit an, aber bis es so weit ist, das dauert.

Ich jedenfalls, sagte Blach zornig, werde mich dafür nicht einfangen lassen, und wenn es Benachteiligte gibt, so will ich zu ihnen gehören.

Sie, Herr Blach, sagte Knauer, werden nie zu den Benachteiligten gehören.

Und Sie? rief Blach.

Ich habe das mir zugedachte Paket angenommen, sagte Knauer.

Blach vermied es, Knauer ins Gesicht zu sehen, so

sehr verwirrte ihn dessen Antwort. Er fühlte sich von Knauer hintergangen, denn er hatte geglaubt, daß Knauer ähnlich eingestellt sei wie er.

Was Sie vielleicht nicht erfahren haben, sagte Knauer, von den fünfzig Paketen, die unser Betrieb bekam, sind mehr als dreißig der Betriebsküche übergeben worden. Es wäre eine Sünde, etwas so Kostbares wie Lebensmittel verkommen oder an die Falschen geraten zu lassen. Unsere Suppe ist dadurch fast zwei Wochen ein bißchen fetter geworden. Ihr Paket, Herr Blach, fehlte.

Offenbar gab Blach dem Knauer ein Rätsel auf, das dieser gerne gelöst hätte.

Blach war erschüttert, als er merkte, daß Knauer Vera mit knabenhafter Verehrung betrachtete. Vera hatte ihre anfängliche Schüchternheit überwunden und war eine selbstbewußte Frau geworden. In ihrem Gesicht stand ein eigenartig bitterer Zug.

Sie bekam dadurch etwas Abweisendes, Fremdes, als habe sie mit ihrem Leben abgeschlossen. Wenn Blach sie so sah, bedauerte er, daß die Zeitereignisse ihn und sie so sehr voneinander getrennt hatten. Daß wohl Zärtlichkeit, ein gegenseitiges Mitleid, nicht aber eine Lebensfreude, zu schweigen von Liebesgier, zwischen ihnen aufkam. Sie schienen wie geschaffen füreinander, galten als harmonisches Ehepaar.

Harmonisch, ja, sagte Blach.

Und dir ist das zu wenig, sagte Vera leise.

Wer weiß, was mit mir ist, sagte Blach.

Ich, sagte Vera traurig, bin mit dieser Harmonie als Lebenssinn und Lebensinhalt einverstanden.

Sie war eines jener jungen Talente, die damals den Theatern zuströmten. Fellati hatte sie entdeckt, der damalige Oberspielleiter der Städtischen Bühne in Wilhelmsburg. Auch das Theater hatte es nicht geschafft, die kleine Unsicherheit ihres Wesens glattzuschleifen, von der Fellati bei der Inszenierung begeistert war, deutete er sie doch als unvergängliche Naivität eines empfindsamen Menschen. Was sie ihm nie eingestand, war die Angst, auf der Bühne zu versagen. Obwohl sie Erfolge feierte, gelang es ihr nicht, diese Angst zu überwinden.

Angst zu versagen, Angst, das Theater könne abbrennen, Angst, Fellati könne aus dem Fenster stürzen oder ein Bühnenstück werde zur Premiere nicht zugelassen. Damals wurden die Schauspieler nach Rollenfächern unterschieden. Vera wurde als Charakterdarstellerin eingestuft, spielte manchmal die Komische Alte. Eines Tages bewarb sich Fellati darum, mit seinen Schauspielern das Theaterstück eines in Wilhelmsburg unbeliebten Franzosen einzustudieren.

Das sei Unsinn, sagte man ihm, der Franzose ziehe in antikem Gewand, mit Hektor und Andromache, mit Helena und Troilus, mit Ajax und Odysseus, den Gedanken der Revolution in den Dreck. Fellati bestritt das und versuchte die Leitenden & Führenden davon zu überzeugen, daß es möglich sei, aus einem unnützen, vielleicht gefährlichen Theaterstück ein nützliches zu machen. Den Verfasser stellte er dar als Opfer der miserablen Zustände in Frankreich, die es unmöglich machten, sich offen zu erklären. Um sein Schauspiel herausbringen zu können, trage er seine wahre Meinung verdeckt vor. Bei der Inszenierung in Wilhelmsburg gehe es darum, das Stück von diesem aufgezwungenen Ballast zu befreien. Es genüge schon, wenn er Andromache mit Vera als einer Komischen Alten besetze. Außerdem spreche der Franzose durch den Mund von Hektor andeutungsweise davon, daß eine Revolution durchaus von moralischer Bedeutung sei. Nach diesen Erklärungen bekam Fellati Geld für die Inszenierung.

Die Proben zog er in die Länge, und er verstand es, das Drama so in Bruchstücke zu zerlegen, daß der Abgesandte Beobachter nie einen Eindruck des Ganzen bekam. Je näher der Tag der Premiere rückte, desto mißtrauischer wurde der Abgesandte Beobachter, und bei der ersten zusammenhängenden Probe wurde ihm klar, daß die Aufführung nicht den versprochenen Gebrauchswert haben würde. Er erstattete Bericht und erreichte damit, daß das Stück zur Premiere nicht zugelassen wurde.

Fellati schwor, daß ihm die Inszenierung wegen der mangelnden dramatischen Qualität des Schauspiels mißglückt sei. Um sein Versagen wiedergutzumachen, studierte er ein Theaterstück ein, in dem Bauern auf der Bühne lauthals darüber stritten, ob es besser sei, alleine zu wirtschaften, oder ob sie nicht vielleicht größeren materiellen Vorteil herausschlügen, wenn sie die Äcker gemeinsam bearbeiteten. Für dieses und ähnliche Stücke wurde Fellati sehr gelobt, erhielt hübsche Kritiken in der Zeitung, einmal sogar ein bedeutendes Geschenk.

Damals inszenierte Fellati mehr, als sie in einer Spielzeit aufführen konnten. Die einen, die er zur Freude der Schauspieler und zu ihrer Erziehung einstudierte, durften nicht in öffentlichen Vorstellungen gespielt werden, was oft Unruhe unter Wilhelmsburger Theaterfreunden hervorrief. Die anderen wurden auf die Bühne gebracht zur Freude der Leitenden & Führenden, die mit Lob und Geschenken nicht geizten. Vera war begeistert von Fellati, Blach nicht. Er sagte:

Ein unmoralischer Mensch.

Was Vera kränkte. Wenn ein Stück verboten wurde, weinte sie. Fellati, der sie nach Hause begleitete, war dagegen jedesmal fröhlich. Er lachte unangemessen laut und gackernd. Wenn er aber ein Lob über sich und seine Inszenierung in der Zeitung las, war er jedes Mal niedergeschlagen, war tagelang nicht ansprechbar. Allgemein hieß es, er sei ein Genie.

Wenn Knauer Vera und Blach besuchte, sprach er mit Blach, und wenn ihn Vera anschaute, senkte er den Blick. Jedesmal brachte er ihr ein kleines Geschenk mit, nichts Kostbares oder etwas, das aufdringlich gewesen wäre, sondern immer etwas Zufälliges oder scheinbar Zufälliges. Denn daß er es tatsächlich sorgfältig ausgesucht hatte, das stand für Blach fest.

Es war nur eine Winzigkeit, aber jede von einzigartigem Reiz: Der durchscheinende leichte und bizarr geformte Stein. Der von Meeressalz und Wasser geglättete zerklüftete Wurzelabschnitt eines Baumes. Die Hirsenähre, über die sich Vera besonders freute, da sie dekorativ in jedes Herbstblumengebinde paßte. Vera war von so weltferner Traurigkeit, daß sie Knauers kleine Geschenke annahm als Freundlichkeiten für Blach.

Nicht doch, Veruschka, das ist eine Pfeilspitze aus Stein, die Knauer letzten Sommer auf einem Acker gefunden hat, die schenkt er dir.

Da sagte sie erschrocken:

Mir? Aber nein. Wer bin ich denn, daß er mir eine so hübsche Sache schenkt.

Sechstes Kapitel

Knauers Frau Hannelore war eine hochgewachsene Dame in Platinblond, neben ihrem schlichten und offenherzigen Mann wirkte sie geheimnisvoll und mondän. Während Knauers Lagerzeit hatte sie in Amerika gelebt, hatte sich freiwillig zum Armeedienst gemeldet. Im Stab der Psychologischen Kriegsführung war sie in den Rang eines Sergeanten aufgerückt, war mit den ersten amerikanischen Truppen durch Frankreich nach Deutschland vorgestoßen. Ihr kompliziertester Auftrag lautete, den Leipziger technischen Gelehrten Fürbringer dem amerikanischen Generalstab zuzuführen. Sie jedoch warnte ihn heimlich und riet ihm dringend, sich nach Dresden in den Bereich der Roten Armee und dadurch in Sicherheit zu bringen.

Fürbringer fühlte sich durch Sergeant Knauers Warnung in seiner Nachkriegskarriere behindert, stellte sich freiwillig den Amerikanern. Knauers Frau gelang es, auf einer abenteuerlichen Flucht der Militärpolizei zu entkommen. Gleichzeitig mit Knauer, der aus dem Lager kam, traf sie in Wilhelmsburg ein.

Als Blach das erstemal mit ihr sprach, war er erstaunt über ihren dogmatischen politischen Standpunkt. Er sagte es ihr und verglich ihn mit Gebeten der katholischen Kirche.

Entweder sind Sie dumm und ahnungslos, sagte Knauers Frau, oder sie sind ein Hetzer, kein Wunder bei Ihrer Vergangenheit.

Von Banzer erfuhr Blach ihren militärischen Lebenslauf. Banzers Stimme ging in Flüstern über, er zog Blach am Jackenrevers näher zu sich heran, bis sein Mund an Blachs Ohr lag und der den warmen stoßweisen Atem des Freundes spürte, was ihm unangenehm war. Banzer erzählte ihm, wie Knauers Frau sofort nach ihrer Heimkehr öffentlich aufgetreten war. In einer Rede, die von den Rundfunkstationen gesendet wurde, hatte sie die Amerikaner bezichtigt, mit Hilfe deutscher Gelehrter und Spezialisten neue gegen den Osten gerichtete Waffen herzustellen. Von einem amerikanischen Kriegsgericht wurde sie zuerst degradiert, dann in Schande aus der Armee geworfen. Im Krieg erworbene Orden und Ehrenzeichen wurden ihr aberkannt, und das endgültige, später bestätigte Urteil lautete zehn Jahre Haft. Das alles selbstverständlich in Abwesenheit und in einer groß aufgezogenen Verhandlung.

Unmittelbar nach der Urteilsverkündung sandte sie dem amerikanischen Präsidenten die Armeepapiere zurück, auch die Verleihungsurkunden dreier bedeutender Orden und Ehrenzeichen. Im Begleitbrief schrieb sie, daß sie sich nicht mehr der amerikanischen Armee zugehörig fühle, die von einer Streitmacht der Befreiung zu einer Aggressionsarmee heruntergekommen sei. Auch dieser Brief wurde über Funk verbreitet und löste in Wilhelmsburg Aufsehen aus.

Nach zwölf Jahren sahen sich die Eheleute Knauer wieder. Sie verstanden einander nicht mehr, blieben zusammen, weil keiner einen neuen Partner fand. Als die beiden Söhne aus Amerika in Wilhelmsburg eintrafen, gab es wiederum Aufsehen in der Stadt, denn Abraham und Thomas stellten sich unverzüglich der frei deutschen Jugend zur Verfügung.

Im Beisein von Vera sah Knauer ganz verloren aus. Blach führe wohl eine glückliche Ehe, fragte er einmal verzagt, und als Blach ausweichend antwortete, die Frage nicht ausdrücklich verneinte, sagte Knauer, mit so einer Frau müsse ein Mann glücklich sein.

Vera blieb verschlossen. Ein anderer Mann als Blach schien für sie nicht zu existieren. Sie sah andere Männer nur als Personen desselben Berufes, als Leute, mit denen man plauderte, als Gegner oder als Freunde von Blach, die sie, wie Knauer oder Banzer, mit Freundlichkeit bedachte, ihnen jedoch innerlich fremd blieb. Es schien Blach, als habe sie sich auf ein Leben ausschließlich mit ihm vorbereitet.

Sich dafür entschieden, mit ihm gemeinsam alt zu werden. Als Blach einmal vorsichtig fragte, ob es nicht besser sei, sich zu trennen, glaubte er, eine Spur von tödlichem Erschrecken zu erkennen, was ihn beunruhigte. Vera wäre die Person gewesen, auf die er sich zittrig hätte stützen können.

Wenn Blach daran dachte, war er traurig, da er ahnte, wie kurz bemessen ihre gemeinsame Zeit sein würde. Vera kam nicht auf die Idee, daß Knauer sie bewunderte. Sie wollte von Blach geliebt und zärtlich behandelt werden, und sie litt unter seiner Gleichgültigkeit. Und Knauer war viel zu beherrscht, viel zu sehr um das Wohl seiner Sache besorgt, als daß von ihm etwas mehr hätte ausgehen können als scheue Zuneigung und Verzicht.

Blach hätte vielleicht in Wilhelmsburg Fuß fassen können. Durch das, was später mit Knauer geschah, wurde seine labile Existenz jedoch derart erschüttert, daß er danach keinen Halt mehr fand. Seine Fluchtgedanken verstärkten sich. Vera war wohl bereit, ihm zu helfen, vermocht's aber nicht.

Banzer beobachtete eifersüchtig und mißtrauisch, wie Blach seinem Einfluß entglitt.

Knauer macht mir Sorgen, sagte Banzer.

Blach, der an einem Gespräch mit Banzer über Knauer nicht interessiert war, winkte ab.

Weißt du, welche Auffassung er kürzlich vertreten hat? fragte Banzer.

Keine Ahnung, sagte Blach, und ich möchte es auch nicht wissen.

Das Absterben des Staates, sagte Banzer.

Hör mit dem Unfug auf, rief Blach, was interessiert mich dein blödsinniger absterbender Staat.

Banzer war nicht mehr aufzuhalten.

Das Absterben des Staates bedeutet nach Knauers Meinung, rief er.

Soll doch jeder seine Meinung haben darüber, sagte Blach, du hast deine, er hat seine.

So kann nur ein unwissender Mensch reden, rief Banzer. Ein Abweichen von gesicherten Erkenntnissen bedeutet ein Zurückweichen, wenn nicht gar Kapitulation.

Blach suchte in den Zügen von Banzer nach dem Widerschein eines kleinen Lächelns, doch dessen Gesicht war gerötet vor Empörung.

Knauer vermutet, rief Banzer, daß der Staat allmählich in Kommunen zerfällt, die sich zum Stamm und zum Clan zurückentwickeln, und zwar mit einer sich langsam auf Null einpendelnden Wachstumsrate.

Blach starrte Banzer an und bekam angesichts des, wie ihm schien, aufkeimenden Wahnsinns des Freundes kein Wort heraus.

Du solltest dich von ihm zurückziehen, sagte Banzer eindringlich.

Was fällt dir ein, rief Blach.

Ich glaube nicht, sagte Banzer, daß er dir auf deinem Weg behilflich sein kann.

Blach verbat sich entschieden diese Einmischung. Er werde selbst entscheiden, mit wem er Umgang pflegen wolle und mit wem nicht. Der Umgang mit Knauer sei ihm wichtig. Wichtiger als mit ihm, Banzer, den er sich als Freund nicht mehr recht vorstellen könne. Im Gegensatz zu ihm gehe er, Blach, nach Sympathie und nicht nach Nutzen. Banzer hörte ihm ungerührt zu. Blach nahm Knauer beiseite und erzählte ihm von dem Gespräch.

Es muß solche wie Banzer geben, sagte Knauer, ohne Leute wie ihn funktioniert nichts. Er dient redlich einer Sache, wobei es ihm egal ist, welcher. Unserer Sache ist er nützlich, weil er klug ist, aufmerksam im Umgang mit Vorgesetzten und nicht zimperlich in der Ausführung von Befehlen. Der Nachteil dieser Leute ist, daß sie gern von Euphorie ins Gegenteil verfallen. Ich hoffe, es gibt für ihn nie den Augenblick der Ernüchterung.

Wenn Banzer eine solche Bemerkung mache, sagte Knauer, dann sei sie ernst zu nehmen. Banzer sei nicht der Mann, der etwas im Alleingang und auf eigene Verantwortung übernehme. Er gebe wieder, was im Schwange sei.

Stimmt, sagte Knauer, manche meiner Auffassungen sind nicht beliebt. Andererseits paßt mir die eine oder andere Doktrin der Leitenden & Führenden nicht. Das gleicht sich also aus. Ich will aber gerne zugeben, daß bei einem Konflikt der Schwächere unterliegt, und der Schwächere bin selbstverständlich ich.

Als es hieß, die Wilhelmsburger Feinmechanischen Fabriken sollten Panzerketten herstellen, trat Knauer vor die Belegschaft und sagte:

Das eine verspreche ich euch, Kollegen, so lange ich Direktor dieses Werkes bin, werden Panzerketten nicht hergestellt.

Von einem Tag auf den anderen wurde er seines Amtes enthoben. Nach ihm wurde Bukowski Direktor, das war die Zeit, als Blach sich von Vera scheiden ließ, jener Bukowski, der heute Schäftermeister ist und Blachs unmittelbarer Vorgesetzter. Unter seiner Leitung wurden Panzerketten in den Feinmechanischen Fabriken hergestellt.

Blach trieb es in die Kneipe. Er mußte unter Menschen. Mit jedem Glas Bier wurde er lauter, die mit ihm am Tisch saßen, dagegen immer stiller, bis sich einer nach dem anderen verdrückte. Manche grußlos. Manche in Panik, die Blach nicht begriff. Blach hat die Panik, die um ihn herrschte, nie wirklich begriffen. Blach ist immer ein naiver Mensch gewesen, und er hat bis zuletzt seine Naivität der Umwelt gegenüber nicht verloren.

Daß sie ihn zum Kampfflieger machten, war ein Irrtum. Es war ein Irrtum, daß sie ihn dekorierten, wer auch immer glaubte, ihm das antun zu müssen. Der Wilhelmsburger Oswald war der erste, der ihn dekorierte.

Um mich zu bestechen, sagte Blach.

Unter den Jungen von Wilhelmsburg hatte Blach die meiste Ahnung vom Fliegen. Sie wollten ihn dazu kriegen, daß er ihre Uniform anzog, was er aber nicht tat. Da wollte Oswald ihm das Ehrenzeichen wieder wegnehmen. Durfte es aber nicht, denn inzwischen war die Zeit gekommen, da sie Blach bei den Fliegern brauchten. Der letzte, der ihn dekorierte, war Banzer.

Blach war erstaunt, als Faber ihn besuchte, um mit ihm über Wilhelmsburger Zustände herzuziehen, zuvor aber einen Bogen Stanniolpapier aus der Tasche zog und über das Telefon legte. Blachs Naivität war Lauterkeit, nicht Mangel an Durchtriebenheit. Was jedoch seine vielfältigen und unglücklich ablaufenden Liebesgeschichten betraf, war er darin von beängstigender Durchtriebenheit. Eines Tages ging die Flüsternachricht durch Wilhelmsburg, Knauer sei verhaftet worden.

In der Zeitung stand nie etwas davon, auch nichts von einem Prozeß gegen ihn. Knauer blieb spurlos verschwunden. Hartnäckigen Gerüchten zufolge war er wegen Hochverrats zu fünfundzwanzig Jahren Zuchthaus verurteilt worden, und zwar in einem Prozeß, der, wie viele andere in jener Zeit, unter Ausschluß der Öffentlichkeit stattfand. Danach gingen neue Gerüchte um über Knauer. Wo er seine Strafe verbüße. An welcher Krankheit er leide. Wieviel er beiseitegeschafft habe, um sich zu bereichern.

Knauer ist ein ehrlicher Mann, rief Blach, warum bringen sie ihn so in Verruf?

Samuel lachte höhnisch. Knauers Familie verließ Wilhelmsburg bei Nacht und Nebel, tauchte in einer fernen Stadt unter.

An solchen Typen haben wir nichts verloren, rief Banzer.

Bist du sicher? sagte Blach böse, vielleicht wäre es besser für Wilhelmsburg, Hannelore Knauer wäre mit ihren Söhnen geblieben und du wärst abgehauen.

Manchmal hörte man noch Suchmeldungen im Radio:

Gesucht wird Herbert Knauer, geboren am, in, zuletzt wohnhaft in Wilhelmsburg, Werner-Seelenbinder-Straße 13, seit dem soundsovielten fehlt von ihm jede Spur. Wer kann Angaben machen über seinen Verbleib?

Daß die Suchmeldungen im Radio immer seltener wurden, enttäuschte Blach. Wahrscheinlich hatte Knauers Frau die Geduld verloren, über Jahre und Jahre nach ihrem Mann zu forschen. Bis eine Zeit kam, in der sich in Wilhelmsburg kaum einer an ihn erinnerte, außer Blach natürlich, der Knauer bis heute nicht vergessen hat. Der Zustand, in dem er sich heute befindet, ist darauf zurückzuführen, daß er Knauer nicht vergessen konnte. Auch Banzer hat Knauer nicht vergessen, denn er und Blach waren damals dessen beste Freunde.

Obwohl Samuel Knauer nie persönlich kennengelernt hatte, konnte auch er ihn nicht vergessen. Und zwar aus Prinzip nicht, weil Samuel nie etwas vergaß. Und vielleicht sind es in Wilhelmsburg noch dreißig oder vierzig Leute, die Knauer bis heute nicht vergessen haben. Für eine so große Stadt sind das sehr wenige, die wissen, daß es einen gab, der Knauer hieß, der keine Panzerketten herstellen wollte und der eines Tages in aller Stille von der Bildfläche verschwand, wie weggewischt.

Siebtes Kapitel

Damals, in seinem einunddreißigsten Jahr, vertraute Blach sich Banzer an, denn er wußte nicht mehr weiter.

Knauer ist verschwunden, sagte Blach, es sind Monate her, daß sie ihn verhaftet haben.

Acht Monate, sagte Banzer, wahrscheinlich ein komplizierter Fall.

Und wir haben keine Ahnung, sagte Blach, wir wissen nicht, wo er sitzt, wir wissen nicht, weswegen er sitzt, vielleicht haben sie ihn schon verurteilt.

Vielleicht, sagte Banzer.

Einer, der im Lager war, sagte Blach.

Im Lager waren auch Homosexuelle, sagte Banzer, Zeugen Jehovas, Zuhälter und Geldschrankknacker.

Ein altes Mitglied, sagte Blach.

Die Parteien, sagte Banzer, haben immer ihre Reihen sauber gehalten und alle hinausgeworfen, die nicht imstande waren, ihren verschlungenen Pfaden zu folgen.

So einen Mann, sagte Blach, abzuholen und einzusperren.

Helfen kannst du ihm nicht, sagte Banzer.

Banzer, sagte Blach, wir beide waren mit Knauer befreundet.

Freundschaft zählt nicht bei der Beurteilung politischer Fragen, sagte Banzer.

Willkür, sagte Blach.

Sieh an, sagte Banzer, mit einemmal. Vor acht Monaten ist dein Freund verhaftet worden, seit acht Monaten hältst du die Schnauze, und mit einemmal entdeckst du dein Gewissen.

Ich habe nachgedacht, sagte Blach.

Dein Freund sitzt im Knast, sagte Banzer, und du denkst nach.

Er ist auch dein Freund, sagte Blach.

Trotzdem habe ich keine Gewissensbisse, sagte Banzer.

Weißt du einen Weg, wie wir Knauer helfen könnten, fragte Blach.

Du willst dich der Geschichte entgegenstellen, sagte Banzer, ausgerechnet du. Wer bist du denn? Die Geschichte liebt solche Einmischung nicht. Sie geht ihren trägen Gang.

Im Schoß des Bestehenden habe sich unmerklich das Neue entwickelt, sagte Banzer, das sich explosionsartig Bahn breche. Wer es auch sei, der von diesem winzigen Ruck im trägen Ablauf der Historie verschont bleibe, er werde die Zähne zusammenbeißen, geduldig und bescheiden weitermachen. Bis zum nächsten Ruck, der vielleicht größer, vielleicht kleiner sei als der vorherige.

Sie haben diesen Mann zum Studium geschickt, damit er Philosophie und Geschichte begreifen lernt, sagte Blach zu Samuel, und was gibt er wieder? Das, was immer in ihm war, den Wilhelmsburger Aspekt von Philosophie und Geschichte, wie Knauer sagen würde.

Mich wundert, sagte Samuel, daß du dich wunderst.

Knauer hat sich in das Räderwerk der Geschichte geworfen und ist folgerichtig zermalmt worden, sagte Banzer, ob er ein guter Mensch war oder ein schlimmer, spielt dabei keine Rolle. Ob er stark oder schwach war, spielt keine Rolle. Ein bestimmter historischer Prozeß erforderte unter allen Umständen den Bau von Panzerketten, und dabei gilt eine andere Bewertungsskala. Schlecht ist derjenige, der verhindern will, daß Panzerketten gebaut werden, und gut ist der, der sie baut. Es geht in jedem Fall, sagte Banzer, zuerst um Panzerketten und dann um den Menschen.

Natürlich ist es schade um jeden, der umkommt, wer aber wird in fünf Jahren wissen, daß es hier einen gab, der Knauer hieß, der keine Panzerketten herstellen wollte, und der deswegen zermalmt werden mußte. Du wirst es erleben, wenige werden sich an ihn erinnern, und die wenigen werden ihr Wissen für sich behalten. Weil sie sich fürchten. Weil sie sich schämen. Und nun geh hin und schrei.

Pssst, sagte Blach, und legte den Finger an die Lippen, nicht so laut. Wir sind allein, es hört uns niemand.

So ein Chaos, rief Samuel, als Blach kam und ihm von seinem Gespräch mit Banzer erzählte, so ein Chaos. Banzer glaubt an einen Sinn in der Geschichte, Vera glaubt daran, daß die Apostel unerkannt auf Erden wandeln, du glaubst an dich selbst und ich an die Macht der Gestirne.

Was soll ich tun, sagte Blach, hier ist ein Unrecht geschehen.

Woran du glaubst, sagte Samuel, ist dem Regime egal, aber du willst nicht nur glauben, sondern auch verkünden.

Du nicht? fragte Blach.

Ich nicht, sagte Samuel, ich glaube, doch ich verkünde meinen Glauben nicht, das ist mein Geheimnis. Und deswegen überlebe ich.

Also ein Leben lang die Schnauze halten, rief Blach.

Es ist die Eitelkeit des Intellektuellen, sich nicht beherrschen zu können und Gruppen um sich zu scharen mit dem Ziel, Glaubensrichtungen zu verbreiten, sagte Samuel, und wozu? Wegen eines Streits unter Parteigängern. Eine heidnische Beschwörungszeremonie ist wertvoller als ein Streit unter Parteigängern, bei dem am Ende Leute mit zerschmetterten Schädeln übrigbleiben.

Was soll ich tun? fragte Blach verzagt.

Gar nichts, sagte Samuel, die Zeit arbeitet für dich. Du bist ständig in der Schwebe zwischen Einsicht und

Protest. Am Ende wird die Einsicht siegen. Du bist einer, der die Wohltaten des Systems und seine Schandtaten ständig gegeneinander abwägt. Dein Freund Banzer hat die Welt begriffen. Den schmeißen solche Nichtigkeiten wie fünfundzwanzig Jahre Zwangsarbeit am Polarkreis nicht aus der Bahn. Und ehrlich gesagt, er ist mir lieber als du. Was soll dein Gefrage? Entweder du gehst hin und bekennst, wie sehr du dich in Knauer getäuscht hast.

Oder? sagte Blach verzagt.

Oder du holst deinen Freund Knauer, sagte Samuel, aus dem verruchten Verließ.

Und du meinst, sagte Blach, ein vernünftiger Mittelweg wäre nicht möglich?

Ein vernünftiger Mittelweg, sagte Samuel, ist nicht möglich.

Manchmal habe ich den Film im Kopf, sagte Blach hinterher zu Vera, wie zwei Schergen Knauer in den Kerker abführen. Der eine führt ihn an einer Kette, die er ihm um das Handgelenk geschlungen hat, der andere geht hinter ihm die Treppe hinunter, um ihn mit gezielten Kolbenstößen zu Eifer und Achtsamkeit zu ermahnen. Knauer ist aufsässig oder müde, jedenfalls stößt der hinter ihm Gehende ihn mit dem Kolben ins Kniegelenk, daß Knauer mit dem Rücken auf die Treppe kracht und die Stufen hinabrutscht.

Der neben ihm Gehende gerät aus dem Gleichgewicht. Um nicht ebenfalls zu stürzen, reißt er mit aller Kraft an der Kette, in der sich das Fleisch an Knauers

Handgelenk verklemmt. Vor Schmerz aufschreiend bäumt sich Knauer auf, wird von dem Mann mit der Kette auf die Füße gerissen, taumelt halb besinnungslos vor Schmerz. Kolbenstöße in den Rücken belehren ihn, daß er sich in Zukunft mehr unter Kontrolle haben muß. Er beißt die Zähne zusammen, um nicht aufzuschreien.

Wie kannst du mit diesen Gedanken an Knauer hier leben? fragte Vera.

Achtes Kapitel

Damals wohnten sie im Dachgeschoß eines Hauses, das wie der Bug eines Schiffes die Hauptstraße längs durchschnitt. Blach haßte die Wohnung von Herzen. Jeden Morgen trug er den Kinderwagen die Treppen hinunter. Vera, das schreiende Baby im Arm, ermahnte ihn von Podest zu Podest eindringlicher, um Gottes willen vorsichtig zu sein und nicht zu stolpern. Sie lenkte seine Schritte, rief auch dem siebenjährigen Robert gutgemeinte Ratschläge hinterher. Und so sah der morgendliche Aufbruch der Familie vom Standpunkt der Nachbarn aus: Zuerst rannte Robert zur Schule, zwei Stufen auf einmal und mit Schlußsprung auf dem Podest.

Die Ermahnungen der Mutter begleiteten ihn bis zur Haustür und darüber hinaus, denn es kam vor, daß sie, durch das Treppenhaus hallend, den Sohn zurückrief, weil er vergessen hatte, das Taschentuch mitzunehmen oder das Essensgeld. Blach, der den Kinderwagen vor sich her trug, stampfte schwer, da er die Stufen nicht sah, war jeder Schritt hinunter ein kleiner

Sturz ins Ungewisse. Leichtfüßig und mit allen Familienmitgliedern in unaufhörlichem Monolog Vera als letzte. Sie besänftigte das schreiende Baby mit beruhigenden Lauten, schrie dem Sohn Verhaltensregeln hinterher und lotste Blach mit Anweisungen von Podest zu Podest. Zusammen brachten sie das Baby zum Kindergarten. Vera sah Blach nach, bis er um die nächste Ecke verschwunden war, hielt die Hand bereit, ihm zu winken, aber er drehte sich nicht um, nie.

Traurig lieferte sie das schreiende Baby ab, und traurig kehrte sie nach Hause zurück, um die Worte der Tragödie auswendig zu lernen, die Oberspielleiter Fellati auf der Wilhelmsburger Bühne einstudierte. Ihr Baby nannten sie Sylvia. In jener Zeit war Blach kein guter Vater. Robert und Sylvia blieben ihm immer fremd. Manchmal fühlte er Rührung und ein zärtliches Verlangen, sie zu liebkosen, nur fürchtete er, sie würden seine Schwäche nützen und ihn besitzen wollen. Es war, als leide er darunter, Kinder in eine Welt gesetzt zu haben, die freundlich aussah und doch voll Unfreundlichkeit war. Die gewaltsame Liebe versprach gewaltsame Lehren, gewaltsame Überredung, gewaltsame Tröstung, gewaltsame Einsicht, gewaltsame Unterwerfung und gewaltsames Glück. Manchmal hatte er das Gefühl, sein Leben entgleite ihm. Manchmal hatte er das Gefühl, als müsse er selbst nach Eintracht und Harmonie suchen. Manchmal hatte er das Gefühl, als müsse er fliehen. So blieben die Kinder ihm fremd, ebenso fremd wie die Gegenstände, die ihn umgaben.

Er schaffte Möbelstücke an, die ihm nicht gefielen und die er zurücklassen konnte ohne Bedauern. Persönliches besaß er kaum. Es war, als halte er sich bereit, als achte er darauf, die wenig vertrauten Gegenstände jederzeit rasch in den Rucksack werfen zu können, um sich eilends zu entfernen. Mit Besorgnis sah er, wie sich gegen seinen Willen immer mehr Gegenstände um ihn sammelten, die ihm lieb wurden und die sein Gepäck derart vergrößerten, daß er sich nach einem Wagen umsah, um Kinder und Frau, kleine Kostbarkeiten und ihm wichtige Bücher, Möbel und Schallplatten wegzuschleppen.

Und für den Wagen zwei Pferde und für die Pferde Sattel und Zaumzeug, dazu Hafersäcke, Seile, zum Durchqueren der Furt, zwei weitere Pferde für den Weg über die Alpen, Kleidungsstücke für den Winter, einen Wagen, um die Kleidungsstücke im Sommer aufzubewahren, dazu wieder zwei Pferde, zwei weitere Pferde für die Pyrenäen, weitere Seile, Leitern, Heu und Hafer. Er sah sich in einer Lawine von Gepäck und Familie auf der Flucht über den Kontinent. Einmal nahm er still die Axt und zerhackte einen Schrank, den Vera unter Mühen und großen Opfern erworben hatte. Sie weinte. Denn sie wollte Blach mit schönen Gegenständen, mit Ergebenheit und Harmonie an sich binden. Sie wollte ihn in sich aufsaugen und ahnte nicht, daß er nach anderem aus war.

Wenige Jahre nach seiner Rückkehr ließen sich Vera und Blach scheiden.

Im späten Frühling fuhr Blach nach Moskau, und als er nach drei Wochen zurückkehrte, konnte er Russisch. Und obwohl er besser Englisch sprach, unterrichtete er an der Volkshochschule Französisch. Er war gerne Lehrer, doch erbitterte ihn die Begriffsstutzigkeit der Schüler. Er überlegte, ob er nicht an das Fremspracheninstitut gehen sollte.

Als er die Liste der Pflichtlektüre überflog und durch vorsichtige Fragen erfuhr, welche Verfasser im Unterricht nicht benützt werden durften, nahm er von einer Bewerbung Abstand. Er hatte damals viele Freunde. Den jungen Pfarrer der französisch reformierten Kirche nahm er mit in die Feinmechanischen Fabriken, wo er in jener Zeit als Bereichsleiter arbeitete. Pfarrer Eysoldt wollte mit Arbeitern an ihren Arbeitsplätzen sprechen.

Blach hielt es für recht und billig, dem Pfarrer die Möglichkeit zu geben, sich vor Arbeitern zu beweisen. Es kam nicht dazu, denn eilfertige Leute mit erhitzten Gesichtern verwiesen den Pfarrer in verletzender Weise vom Betriebsgelände. Blach wurde öffentlich gerügt. Mit Eysoldt blieb er lange Jahre in freundschaftlichem Kontakt. Aus dieser Zeit rührt Blachs Bibelfestigkeit.

In seinen langen Gesprächen mit Eysoldt ging es ihm nicht darum, den Glauben des Mannes zu erschüttern oder ihn zu widerlegen. Blach suchte Auskunft über ihm nicht vertraute Lebensweisen zu erhalten. Besonders empört über Blach war Banzer.

Eine Instinktlosigkeit, rief er.

Blach wußte darauf nicht gleich eine Antwort. Dachte über den merkwürdigen Begriff nach, den er zum erstenmal hörte. Später wurde er gelassener und ließ sich nicht einschüchtern, aber damals fand er auf Banzers Vorwürfe keine Antwort.

Wenn er nachts wach lag, den ruhigen Atem Veras neben sich, befriedigt von jener schwunglosen, aber auch mühelosen Art, sich zu lieben, innerlich ruhig und ausgeglichen, dachte er darüber nach, was es wohl bedeutete, instinktlos zu sein. Er gestand sich ein, daß ihn Banzers Vorwurf kränkte. Eigentlich hätte er sagen müssen, es ist selbstverständlich, instinktlos zu sein, denn selbstverständlich dulde ich ohne instinktive Ablehnung neben mir einen Mann wie Eysoldt, dessen Meinung ich aufmerksam anhöre, sie an meiner messe, um herauszubekommen, worin ich unrecht habe. Es zeugt von innerer Freiheit und Freizügigkeit, sich nicht von Instinkten, sondern von Überlegungen lenken zu lassen.

Aber du, sagte Blach zu Banzer, willst den Anschein erwecken, als handele es sich bei uns um eine verschworene Gemeinschaft, die wie Tiere derselben Art im Rudel oder im Schwarm instinktiv koordiniert handeln und alles, was sie als fremd klassifizieren, ausstoßen, verfolgen oder töten.

Sind wir nicht eine verschworene Gemeinschaft?

sagte Banzer, müssen wir nicht zusammenhalten gegen eine Welt voller Feindschaft? Haben nicht die Amerikaner aus Flugzeugen Kartoffelkäfer über unseren Feldern abgeworfen, um unsere Wirtschaft zu schädigen? Sind nicht Pfaffen gefaßt worden, in ihren Taschen Zeichnungen von Industriewerken, mit Angaben über günstige Sprengkammern? Ist nicht eben ein Mensch zum Tode verurteilt worden, der im Auftrag des Büros Getreidespeicher in Brand gesetzt hat?

Blach antwortete nicht, forschte in Banzers Gesicht nach Anzeichen, was von dem Gesagten Ernst und was Spaß war. Er resignierte vor dem Eifer, der aus Banzers Aug leuchtete.

In jenem Sommer nahm Blach alles gierig in sich auf, von dem es hieß, es sei das Neue. Er lag Abend für Abend schweigend auf dem Kanapee, den Blick auf die Zimmerdecke gerichtet und dachte über das Geschehene, Gesehene nach. Damals reisten Schaumaurer aus Polen von Stadt zu Stadt, zogen durch das Land wie früher Zirkus Sarasani, hinterließen in jeder Stadt Aufregung, Jubel und Protest. Lange bevor feststand, daß die Posener nach Wilhelmsburg kommen würden, bereiteten sich die Bauleute auf den Besuch vor.

Das Projekt eines Neubaus wurde vorfristig zur Fertigung freigegeben. Eigens für den Empfang der Maurer aus Posen wurde die vorgesehene Baustelle bereinigt, der Aushub erfolgte vorfristig, und vorfristig wurden die Kellerwände bis knapp über den Erdboden hochgezogen. Ziegelsteine wurden angefahren und griffbereit gestapelt. Eine Mischanlage für Mörtel wurde aufgebaut und ausprobiert. Den Leitenden & Führenden der Stadt: Bürgermeistern, Direktoren, Sekretären, Vorsitzenden, Präsidenten von Instituten und Verbänden, hämmerten Zimmerleute eine Tribüne, von der aus das Baugeschehen gut zu überschauen war.

In angemessenem Abstand von der Baustelle waren Seile gespannt, hinter denen sich das Volk aufstellen konnte. Es war auch möglich, rings um die Baustelle zu gehen und das Baugeschehen von allen Seiten in Ruhe zu begutachten. Helfer in weißen Maureranzügen stellten Schubkarren bereit, legten kleine Depots mit neuen Werkzeugen rings um die Baustelle an. Auch wurden in der Nähe Ziegelsteine in Ersatzstapeln aufgeschichtet.

Fotografen umkreisten die Baustelle, und einer von ihnen fotografierte bereits. Er hatte die schöne Idee, einen Tag vor dem Eintreffen der Schaumaurer das Objekt im Bilde festzuhalten und einen Tag danach, um so auf überzeugende Weise zu dokumentieren, was Menschen zu leisten imstande waren, wenn sie Willen und Erfolgsbewußtsein besitzen. Der Tag, an dem die Schaumaurer ihre Kunststücke vorführen sollten, war wolkenlos, und eine Musikkapelle rückte am frühen Morgen an, um die Aufmerksamkeit der Bürger auf das bevorstehende Ereignis zu lenken. Arbeitsbeginn war mit Rücksicht auf die seit zwei Wochen strapazierten, von Stadt zu Stadt reisenden Maurer aus Posen auf neun Uhr festgelegt. Um halb neun rückten die ersten Zuschauer an, um sich die besseren Plätze zu sichern.

Für die Zeit, in der die abkommandierten Zuschauer den Männern aus Posen beim Arbeiten zusahen, bekamen sie Lohn ausbezahlt, als seien sie selbst es, die da werkten. Vorgesehen waren vier Stunden Arbeit, und eine Viertelstunde vor Arbeitsbeginn kamen in weißen Anzügen, schöne Mützen auf dem Kopf, blaues Tuch um den Hals, die Gäste aus Posen und wurden mit herzlichem Beifall begrüßt. Die Leitenden & Führenden betraten die Tribüne und wurden ebenfalls beklatscht. Bevor sie sich setzten, umarmte der Bürgermeister den Chef der Maurer und überreichte ihm einen Blumenstrauß als Vorschuß auf nachfolgende Geschenke.

Blach sah auf die Uhr und lauerte darauf, wie sich die Posener verständigen würden, um pünktlich anzufangen, denn es waren nur noch fünf Minuten Zeit, um die Vorbereitungen abzuschließen, drei Minuten, und immer noch lief alles auf der Baustelle durcheinander. Da richtete der Chef der Maurer leise Worte an seine Kollegen. Im selben Augenblick kamen die Helfer mit ihren Schubkarren, platsch, und die Maurerkästen waren mit frischem Mörtel gefüllt bis zum Rand. An den Ecken des Fundaments rammten Helfer starke Pfähle in die Erde, loteten sie aus, befestigten daran die Schichtschnüre.

Es war wie im Radio, wenn es heißt, beim Gongschlag ist es neun Uhr. Punkt neun ergriffen drei der Schaumaurer aus Posen ihre schweren Schaufeln und legten Mörtel auf das vorbereitete Mauerwerk. Zur gleichen Zeit griffen die anderen sieben zu den Steinen, und entlang der ausgespannten Schnur legten sie beidhändig Ziegel in das vom Chef der Gruppe geglättete und vorbereitete Mörtelbrett. Der Chef arbeitete mit einem Spezialinstrument, das aber keine Maurerkelle war. Blach umkreiste die Baustelle, so wie er den Zauberkünstler umkreist hätte, um herauszubekommen, mit welchen Tricks der arbeitete, welche Spiegelsysteme er zur Irreführung seiner Zuschauer verwandte und wie der Mechanismus des doppelten Bodens funktionierte, in dem er Menschen und Material verschwinden ließ.

Die Schaumaurer aus Posen arbeiteten vier Stunden, und als sie die Schaufeln wegstelllten, stand der Dirigent der Musikkapelle mit lachendem Gesicht und erwartungsvoll erhobenem Stab, und im selben Moment, als der Chef sein Spezialinstrument aus der Hand legte, gab er den Musikern mit dem Stab das Zeichen, und ein dreifacher fröhlicher Tusch erklang. Die Leitenden & Führenden auf der Tribüne erhoben sich und klatschten. Unentschlossen und vereinzelt klatschten Zuschauer, die geblieben waren, andere verdrückten sich stumm und mit abgewandtem Gesicht. Banzer lief an Blach vorbei, die Wangen gerötet vor Erregung.

Hast du das gesehen? rief er, ist das nicht toll?

Das Bauwerk bot einen jämmerlichen Anblick. Sie hatten die Außenwände bis zur Gerüsthöhe hochgezogen, und, an der Anzahl der Steine gemessen, die sie vermauert hatten, war es die Leistung von Giganten. Aber die Schichten waren unegal, die Steine vom herablaufenden Mörtel bekleckert, die Fugen offen, die Ziegel schief. Arm in Arm mit Leitenden & Führenden stiegen die Schausteller aus Posen in den Bus, der mit laufendem Motor wartete. Sie fuhren in die Städtische Badeanstalt, um sich zu säubern. Für nachmittags um vier war ein Treffen mit Wilhelmsburger Bauleuten verabredet, und um achtzehn Uhr war Bankett im Rathaussaal zu Ehren der Gäste.

Blach wußte und spürte es. Trotz Ehrentribüne, Musikkapelle und Zirkusbetrieb war an diesem Tag etwas Bedeutsames geschehen, das ihn bewegte. Die Leitenden & Führenden, dachte Blach, sind imstande, eine diskutable Sache durch ihren Beifall herabzuwürdigen. Er fragte sich, als er im dunklen Schlafzimmer lag, Veras ruhige Atemgeräusche neben sich, den Jahrmarktstrubel im Ohr, was ihn an dem Auftritt der Posener so bewegt hatte. Es ist ihnen gelungen, dachte Blach, vor den Zuschauern den Anschein zu erwekken, als seien sie für das, was sie tun, allein verantwortlich.

Als sei es etwas Heldenhaftes und Edles, ein Arbeiter zu sein. Als läge die Zukunft, die eigene wie auch die Zukunft des Heimatlandes und der Welt, in ihren Händen. Es hatte ihn überzeugt, wie sie ruhig und ausgeglichen eine Leistung von gigantischem Ausmaß vollbrachten.

Und doch wußte er zugleich, daß die Posener kitschiges Theater von einer intakten Arbeitswelt aufgeführt hatten, daß hier eine Scheinwelt aufgebaut wurde, die mit der Wirklichkeit wenig zu tun hatte. Und doch konnte er sich der Verzauberung durch Imagination nicht entziehen. In diesem Sommer empfand er es als wohltuend, wenn ihn eine Verkäuferin unfreundlich behandelte, sah er doch darin das Sinnbild einer von Ausbeutung befreiten selbstbewußten Frau. Er fühlte, daß er durchaus imstande wäre, in einer unfreundlichen Welt zu leben, wenn die Gewähr gegeben war, daß sich darin nicht eine neue, noch unbekannte Form der Ausbeutung verbarg.

Von Ängsten gequält, hielt er es nicht mehr aus in Wilhelmsburg. Er lief zum Bus, ließ sich hinausfahren und wurde erst ruhig, als er von der Dunstglocke über der Stadt nichts mehr sah. Wind ging über die grüngrauen Kornfelder, die sich wogenartig bewegten. Blach saß auf einer kleinen Bodenwelle im Schatten von Weidenbäumen. Ein krummer Weg führte ins Tal, zu einigen Häusern hin. Blach starrte auf das Feld und fühlte sich in eine andere Welt versetzt. Auch als er ins Dorf kam, sah alles unwirklich aus. Eine Gänseschar zog die Dorfstraße herauf.

Blach sah die Gänse am Krug auftauchen, eigenartig ernst und stumm watschelten sie an ihm vorbei, und als er sich umwandte, konnte er sehen, wie sie hinten an der Kirche verschwanden. Auf einer Stellage standen Milchkannen, als seien sie eben hingestellt worden, als müsse gleich der Milchwagen kommen, um sie zur Molkerei zu fahren. Blach hatte Durst. Das Dorf machte einen so ruhigen und friedlichen Eindruck, als sei alles in Schlaf versunken. Nur in der Ferne glaubte Blach ein Schreien zu hören, unruhig wandte er den Kopf hin und her, um die Richtung festzustellen, aus der es kam.

Es war so weit entfernt, daß nur einzelne Laute vom Wind hergetragen wurden. In der Luft summte und brummte es. Schwärme von Singvögeln ließen sich in den Kirschen nieder. Ein Pferd trabte in vollem Geschirr über die Straße. Es kam aus einem offenen Hoftor, trabte über die Dorfstraße und verschwand in einem offenen Hoftor. Vogelscheuchen standen in Vorgärten, Stanniolbänder flimmerten und knisterten. Doch als würde er davon nicht verscheucht, sondern angezogen, und als sei das Flimmern und Knistern eigens dazu geschaffen, eine schöne und liebliche Kulisse abzugeben, erhob sich ein Schwarm Singvögel, schwang sich in schwirrender Kurve heran und ließ sich im glitzernden und knisternden Kirschbaum nieder. An einer abgelegenen Stellage konnte Blach nicht widerstehen.

Er nahm den Deckel von einer der großen Kannen, kippte sie so, daß etwas von ihrem Inhalt in den Dekkel schwappte, ließ ihn angewidert fallen. Beim Aufrichten der Kanne spritzte ihm etwas ins Gesicht. Angeekelt von der Flüssigkeit und von dem Gestank, der aus der Kanne kam, wich Blach zurück. Immer wieder wischte er sich mit dem Ärmel das Gesicht. Schräg gegenüber sah er eine Pumpe, rannte hin, froh, sich waschen zu können.

Aber die Pumpe quietschte, tief unten gurgelte es, und Blach wußte, daß es aussichtslos war, hier auf Wasser zu hoffen. Noch lange hatte er den Gestank der Flüssigkeit im Gesicht und an der Jacke. Mißtrauisch ging er zurück, kletterte auf die Stellage, und indem er den Atem anhielt vor dem Gestank, der aus der Kanne kam, schaute er hinein. In aufwallendem Zorn kippte er die Kanne mit dem Fuß um. Sie klatschte in den Sand, die grünlich verfaulte Milch lief aus. Blach machte auch die nächste Kanne auf und die übernächste, die vierte und die fünfte, die sechste und die siebte.

Mit steigender Verzweiflung stieß er eine nach der anderen hinunter. Es war ihm, als sei er angestellt, um eine dringend notwenige Arbeit zu verrichten. Auch die achte Kanne kippte auf die Erde. Blach sah sich nach neuer Arbeit um, machte andere Kannen auf und stieß auch sie, eine nach der anderen, vom Gerüst, er vollgespritzt von verfaulender, stinkender Milch. Schaute an sich herunter. Die Schuhe klebten von dem zähen, grünlichen Brei, durch den er gewatet war.

Die Hose war naß und sah aus wie verschimmelt. Es surrte in der Luft von Käfern, Grillen und Fliegen, die Sonne stand steil am Himmel. Blach ging die Dorfstraße weiter in Richtung des Hauses, in dem er den Krug vermutete. Auf dem Wege dorthin kam er an einem der offenen Hoftore vorbei, und als er hineinschaute, hörte er es im Stall aus hundert Lungen keuchen. Im Dorfkrug waren die Vitrinen zertrümmert.

Stühle und Tische waren zertrümmert, und so, als sei er der Urheber der Verwüstungen, lag inmitten zertrümmerter Schnaps- und Weinflaschen, mitten im Gewirr abgebrochener Stuhlbeine und zersplitterter Tischplatten, ein alter unrasierter Kerl, der ächzte und stöhnte, als Blach ihn auf den Rücken drehte. Er war so betrunken, daß er nicht merkte, was mit ihm geschah. Das Schreien war nun deutlich zu hören, und als Blach den Krug verlassen wollte, mutlos vor Ekel und Verzweiflung, vernahm er hinter sich eine kichernde Stimme. Er wandte sich um. In der dunklen Ecke saß eine dunkel gekleidete alte Frau, die kicherte und winkte, und als Blach zögernd hinging, sagte sie:

Willst du auch? Es sind Flaschen heilgeblieben.

Ist das Ihr Mann? fragte Blach.

Das ist mein Mann, rief die Alte, er hat noch nie so gut gelebt wie heute.

Sie reichte Blach eine Flasche Korn.

Korkenzieher gibt's nicht, rief die Alte und kicherte, daß Blach sich in die Märchenvorstellungen seiner Kindheit mit menschenfressenden Hexen zurückversetzt fühlte.

Er schlug die Flasche gegen die eiserne Kante der Theke, daß der Hals wegsplitterte, schon war die Alte da und reichte ihm eine dreckige Tasse.

Da, rief sie, trink dich satt, so billig kriegst du nie wieder was.

Nach der zweiten Flasche merkte Blach, daß er endlich langsam wegsank.

Eine Bretterwand, sagte Blach, als er bei Samuel saß, eine Wand oder vielleicht auch nur ein hohler Baum, jedenfalls eine große rundliche Öffnung, hell dahinter, davor ein großer gerupfter Vogel, der seinen Kopf bis zu den Schultern in die Öffnung steckt. Dann passiert mit dem Vogel etwas, an das ich mich nicht mehr erinnern kann, jedenfalls ist plötzlich ein anderer großer gerupfter Vogel da, der seinen Kopf durch dieselbe Öffnung steckt und danach ein dritter großer gerupfter Vogel, ein vierter und so weiter, es geht aber alles sehr rasch, zählen tu ich die Vögel nicht. Plötzlich steht ein großer schwarzer Rabe da, mit langem und dickem Schnabel.

Mir ist, als müßte ich ihn greifen, habe aber Angst vor dem Schnabel. Da geht der große schwarze Rabe an das Loch und schaut hindurch. Je tiefer er sich hineinlehnt, desto gerupfter sieht er aus. Schon steckt er Kopf und Hals ganz in das Loch. Ich schleiche mich ran und warte auf meinen Augenblick. Als er tief, tief drin ist, komme ich und stoße ihn bis zu den Schultern hinein. Er zuckt und wehrt sich, aber ich habe ihn fest im Griff und drücke so lange gegen das Hinterteil des großen, gerupften Vogels, bis er nicht mehr zuckt und sich wehrt.

Na, hör mal, sagte Samuel, du hast doch nicht etwa die Alte gevögelt.

Neuntes Kapitel

Das Keuchen der sterbenden Kühe im Stall war schlimm, sagte Blach, am schlimmsten aber war das Geschrei der Schweine in der Farm, die schon eine Woche ohne Futter waren, viele von ihnen waren krepiert, und die noch lebten, schrieen wie Menschen unter der Folter.

Hörst du kein Radio? fragte Samuel, letzte Woche kam durch, daß die Bauern aus dem Dorf über die Grenze abgehauen sind.

Vielleicht bin ich krank, sagte Blach, wahrscheinlich bin ich krank.

Er hörte sich um. Der beste Psychiater in Wilhelmsburg, hieß es, sei Doktor Buber. Erst als er die Praxis betrat, merkte er, daß es sich dabei um Annelie Weiterer handelte, die er als Mädchen gekannt hatte, heute Doktor Anneliese Buber. Sie war nicht überrascht, ihn als Patienten vor sich zu sehen.

Ich habe kürzlich deine Frau auf der Bühne gesehen, sagte Doktor Buber, und habe meinem Mann gestanden, daß ich dich kenne.

Ja, sagte Blach.

Deine Frau ist eine tolle Schauspielerin und eine tolle Frau, sagte Doktor Buber, ich glaube, sie hat in dieser Provinz kaum eine Möglichkeit, ihr Talent auszubilden.

Ja, sagte Blach.

Erinnerst du dich, sagte Doktor Buber, wie wir beide hinter dem Amtmannsdeich versuchten, das zu treiben, was alle zu treiben versuchten und von dem alle behaupteten, sie könnten es jetzt, aber bei uns beiden wollte und wollte es nicht klappen.

Ja, sagte Blach.

Es hat dann mit anderen geklappt, sagte Doktor Buber, aber mit uns beiden nicht, schade eigentlich.

Ja, sagte Blach.

Bald war kein Zweifel mehr, daß Doktor Buber nachzuholen bemüht war, was vor unausdenklichen Zeiten hinter dem Amtmannsdeich nicht hatte klappen wollen. Blach sah es unausweichlich auf sich zukommen, zögerte aber. Er sah sich in dem Raum um, in dem es möglicherweise geschehen sollte: Ledercouch, weiße Wände, blitzendes Gerät und Spiegel. Geruch von Lysol und Chloroform. Blach fürchtete denselben Ausgang des Unternehmens wie vor Jahren hinter dem Amtmannsdeich. Er hatte sich vor einer Woche von der Sprechstundenhilfe einen Termin geben lassen und stellte am vereinbarten Nachmittag fest, daß er der letzte Patient war.

Die Sprechstundenhilfe kam, hatte schon das

Täschchen unter dem Arm und legte die Hausschlüssel auf den Tisch. Blach, mit rutschenden Hosen und entblößtem Oberkörper, machte auf Doktor Bubers Geheiß Kniebeugen. Sie forderte ihn auf, sich zu setzen und ein Bein über das andere zu schlagen, dann haute sie mit einem Gummihämmerchen auf eine Stelle unter der Kniescheibe, immer vergebens. Um ihr ein Erfolgserlebnis zu verschaffen, simulierte Blach beim siebten Mal einen Reflex, er ließ das übergeschlagene Bein federnd hochwippen, was Doktor Buber sichtlich beruhigte.

Sie zog ihn in ein vertrauliches Gespräch über verschiedene Lebensfragen und malte nach seinen Antworten auf eine Karteikarte geheimnisvolle Texte und Zeichen. Während er noch überlegte, ob er es tun sollte, kam sie ihm beim Abhorchen der Brust so nah, daß er lange das Gefühl hatte, er müsse sie aufs Ohr küssen, unterließ es aber. Worauf sie ihn, als sie sich aufrichtete, vorwurfsvoll ansah. Er mußte sich auf die Ledercouch legen, zuerst auf den Bauch. Mit Händen und Geräten tastete, horchte und klopfte sie ihn ab. Blach mußte sich auf den Rücken legen und dachte, wenn ich jetzt nicht zugreife, stellt sie mir kein günstiges Attest aus.

Aber er konnte sich nicht entschließen. Leger hatte sie sich neben ihn auf die Couch gesetzt, diesmal ohne Bleistift und Karteikarte, leger plauderte sie mit ihm, ließ sich von ihm mancherlei erzählen, fragte auch nach seiner Meinung zu aktuellen Vorkommnissen, um sich, wie sie sagte, ein umfassendes Bild von seiner Persönlichkeit zu machen. Endlich, nach langen inneren Vorbehalten, gab Blach seinen Unmut auf. Er wurde umgänglicher, lächelte auch, setzte geschickt die Hände zur Unterstützung seiner Rede ein, ergriff wie im Feuer der Rede Doktor Bubers Hand, küßte sie sogar, was sie ihm angeregt gewährte.

Scheinbar zufällig sank seine Hand auf ihren Oberschenkel. Wie manchmal, wenn er die Umgebung oder Details an einer Frau als störend empfand, ließ er in seinen Gedanken ein bewährtes Bild auftauchen und spürte auch bald eine merkbare Regung. Worauf er alle weiteren Bedenken verwarf und begann, Doktor Bubers weißen Mantel aufzuknöpfen, was sie sich mit einem fernen Lächeln, gefallen ließ, ohne ihre Rede zu unterbrechen. Blach verstärkte die gedankliche Vorstellung des bewährten Bildes, was ihn befähigte, einen Schritt weiterzugehen, und er berührte Doktor Bubers Brüste. Als er merkte, daß sie keinen Büstenhalter trug, ließ er eine Hand zwischen zwei Knöpfe ihrer Bluse gleiten.

Das Lächeln auf ihrem Gesicht wurde ferner und ferner, ihre Rede nahm an Überzeugungskraft zu, was Blach anfeuerte, in der begonnenen Weise nicht nachzulassen.

Du, sagte Doktor Buber hinterher und lächelte, du ahnst gar nicht, wie nötig das war.

Blach, der die Sache zögernd begonnen hatte und selbst in dem Augenblick, als es begann, immer noch fürchtete, er würde es in dieser freudlosen Umgebung im letzten Moment verpatzen, atmete beruhigt auf.

Wie alt waren wir damals? fragte Doktor Buber, fünfzehn?

Vierzehn, sagte Blach.

Alle sprachen immer davon, sagte Doktor Buber, daß es eigens dafür eine Öffnung gäbe, aber wir fanden sie nicht.

Das stimmt, sagte Blach.

Und kannst du dir vorstellen, sagte Doktor Buber, daß diese hilflose Suche mir noch lange die Freude an der Sache verdarb? Zwei Jahre später gab es den nächsten Versuch, und da führte ich den Jungen so in die Irre, daß auch er nach langen verzweifelten Versuchen aufgab, wer weiß, bei welchem Psychiater er jetzt sitzt. Ein halbes Jahr später behauptete ich einem Jungen gegenüber, daß ich eine Mißgeburt sei und keine für die Liebe vorgesehene Öffnung habe. Was ihn so erschreckte, daß er sogleich seine Bemühungen abbrach und floh, dabei im Laufen die Hose hochzog. Ich glaubte, keine richtige Möse zu haben. Bis ich an einen erfahrenen Mann geriet, alle anderen vorher waren doch Jüngelchen, der mich ruck-zuck aufriß, daß es nur so krachte. Weißt du, weshalb ich mich auf die Psychiatrie geworfen habe? fragte Doktor Buber.

Doch nicht etwa, sagte Blach.

Genau deswegen, sagte Doktor Buber.

Ich werd verrückt, sagte Blach.

Du brauchst dir keine Sorgen zu machen, sagte

Doktor Buber, du wirst nicht verrückt, und du bist nicht verrückt.

Ich bin ein sensibler Mensch, sagte Blach, und benötige psychiatrischen Beistand.

Du bist von einer so kompakten seelischen Struktur, sagte Doktor Buber, daß dich nichts aus dem Gleichgewicht bringen kann.

Wie kommt es dann, daß ich leide? fragte Blach.

Ich glaube, was wirkliches Leid ist, weiß du nicht, sagte Doktor Buber.

Du vielleicht? sagte Blach aufsässig.

Natürlich ich, sagte Doktor Buber, denn immerhin habe ich als Mädchen an die unbefleckte Empfängnis geglaubt. Als Schwester Rotraut sagte, ein Herr Blach bitte um einen Termin, war mir klar, dies ist meine Stunde. Du warst lange unentschlossen.

Ja, sagte Blach.

Wolltest mich auf die Folter spannen? sagte Doktor Buber.

Nein, sagte Blach, es war körperliche Schwäche.

Ist das wahr? rief Doktor Buber mit glücklichem Auflachen.

Ich hab sie überwunden, wie du siehst, sagte Blach.

Hättest du dich doch damals überwunden, sagte Doktor Buber.

Damals, sagte Blach.

Vorhin beim Kniescheibenreflex, sagte Doktor Buber, da hast du mir was vorgespielt.

Du hast so verzweifelt ausgesehen, sagte Blach.

Als Blach nach Hause kam, war Vera dabei, sich auf die abendliche Vorstellung vorzubereiten. Mit Creme im Gesicht, den Frisierumhang umgehängt, schaute sie ihm entgegen.

Wo kommst du her? rief sie, ich warte und warte, ich hab doch Vorstellung.

Ich denke, um acht, sagte Blach und wollte an ihr vorbei, was sie aber verhinderte.

Und was ist jetzt? fragte Vera.

Weiß nicht, sagte Blach.

Sechs, sagte Vera, und Feierabend hast du um vier.

Ich war beim Arzt, sagte Blach.

Vera war beruhigt, fragte beiläufig:

Welcher Arzt?

Doktor Buber.

Welches Ergebnis?

Blach sagte, er benötige dringend seelische Ruhe. Da ließ sie von ihm ab. Eilig verzog er sich in sein Zimmer. Obwohl Blach an Doktor Buber nicht viel fand, obwohl er es bald leid war, Objekt ihrer Selbstverwirklichung zu sein, obwohl er nichts von einem Priester oder einem Psychologen an sich hatte, der geduldig zuhört, wenn Sünder oder Patient an seiner Hand tiefer und tiefer in die Vergangenheit dringen, bis zur Kindheit hin und wenn möglich noch weiter, um an die Ursachen der psychischen Eigenart zu gelangen, obwohl er merkte, daß Doktor Buber ihn mit Haß verfolgte, und obwohl er gewiß nicht der Mann war, um psychisch Erkrankte zu ihrem Urschrei zu geleiten und den fachlich auch zu überwachen, obwohl das alles so war, brachte er nicht den Mut auf, Doktor Buber zu sagen, sie sollten es dabei belassen. Es blieb nicht bei diesem einen Mal im Sprechzimmer der Ärztin.

Jeden anderen Ort, wo sie sich hätten lieben können, verwarf sie und bestand darauf, daß sie es auf diesem ihr vertrauten, Blach aber jedesmal schockierenden Felde taten. Indem sie ihn lustlos in dieser lustlosen Umgebung immer wieder verführte, wollte sie ihn dazu bringen, daß er versagte. Er begriff ihr Vorhaben, und dank seiner Vorstellungskraft, mit der es ihm gelang, in Gedanken ein anregendes Phantasiebild zu schaffen, verzagte und versagte er nicht, und ihr Plan ging nicht auf. Und obwohl Doktor Buber ihn im Laufe der Zeit krank machte, gab er seine Beziehung zu ihr lange nicht auf.

Blach verwandte in seinem Leben viel Zeit darauf herauszubekommen, welcher Eisenbahnwagen der sicherste sei. Zuerst dachte er, der sicherste Platz sei im ersten Abteil, gleich hinter dem Lokomotivführer, der so aufmerksam fahren würde, daß ihm, Blach, nichts passieren könne. Aber dann war der Frontalzusammenstoß bei Kletzen, bei dem beide Lokbesatzungen den Tod fanden und auch Insassen der ersten beiden Wagen.

Daraufhin erklärte Blach den letzten Wagen zum sichersten. Kurz danach jedoch wurden auf dem Gebirgsbahnhof Ginger irrtümlich, wie die Zeitungen schrieben, die beiden letzten Wagen abgekoppelt, die sofort rückwärts und bergab fuhren, eine halbe Minute, schneller und schneller, eine Minute, bis sie in der Kurve hinter dem Gingermonstunnel in die Schlucht stürzten. So kam es, daß Blach einige Jahre hindurch nur in den mittleren Wagen reisen wollte. Seit aber in Dabur die Schranken versagt hatten, ein Sattelschlepper in voller Fahrt den Expreß rammte und dabei die vier mittleren Wagen zertrümmerte, war Blach alle Eisenbahnängste los. Er war wieder optimistisch gestimmt, denn auf jeden Platz fühlte er sich gleich sicher.

Zehntes Kapitel

Zuerst hieß es, was kann an den Nußbäumen in Südfrankreich Besonderes sein. Deshalb fuhr Blach auf seiner ersten Reise im Auftrag der Wilhelmsburger Feinmechanischen Fabriken nicht nach Südfrankreich, sondern in den Tien-Schan, wo er in einigen Wäldern Proben schlagen ließ. Von denen er den größten Teil an Ort und Stelle auf Stapel lagerte, einzelne Stücke zur weiteren Bearbeitung im Flugzeug mit nach Hause nahm. Wegen des Übergepäcks hatte er sich später vor der Rechnungsstelle zu verantworten. Er nahm es auf die leichte Schulter und drohte, unter diffamierenden Bedingungen keine Reisen ins Ausland mehr zu unternehmen, verwies auch auf die volkswirtschaftliche Bedeutung seiner Expedition.

Die mitgebrachten Hölzer erwiesen sich als unbrauchbar. Die zweite Reise, immer noch zu dem Zweck, Nußbaum preiswert einzukaufen, führte ihn in die Mongolei, die nächste in den Kaukasus. Ruhelos war er unterwegs, ruhelos und vergebens. Als sie hörten, daß ausländische Gewehrfabriken Schaftholz aus

Frankreich holten, aus der Türkei und aus Tunesien, entschlossen sich die Wilhelmsburger Leitenden & Führenden, Blach dorthin zu entsenden, wo alteingesessene Holzhändler mit jahrzehntelang abgelagertem Holz gelassen auf Kundschaft warteten.

Auf seinen nächsten Reisen kam er nach Südfrankreich, nach Australien, Amerika, Dänemark, Tunesien, China, Holland und Sizilien, und zwar in verschiedenen Missionen. Einmal begleitete er als Waffenmeister die Nationalmannschaft im Jagdlichen Schießen, ein anderes Mal untersuchte er den ausländichen Markt nach Bedarfslücken mit dem Ziel, die Feinmechanischen Fabriken in Wilhelmsburg marktgerecht zu beraten. Dann wieder hatte er die Aufgabe, Lederabfälle billig einzukaufen oder Schaftholz oder optimale Produktionsverfahren. Damals, zweiunddreißig Jahre alt, war Blach auf der Flucht von Landschaft zu Landschaft.

Es war, als besichtige er die Welt nach ihrer Bewohnbarkeit. War es früher der Stalldunst der Heimat, der ihn am Ende immer wieder nach Wilhelmsburg lockte, so kehrte er jetzt mürrisch heim, da er mehr und mehr begriff, wie aussichtslos seine Suche war, daß es überall gleich waghalsig ist zu leben. Offiziere mit einem Nasser an der Spitze übernehmen in Ägypten die Macht. Island erweitert seine Fischereifangzone von drei auf vier Seemeilen, was England mit dem Boykott isländischer Fischereierzeugnisse beantwortet. Eritrea wird auf Beschluß der Nationen

Äthiopien angegliedert. Die Russen weigern sich, die Changchum-Eisenbahn den Chinesen zu übergeben. Im Bagdader Gefängnis werden politische Häftlinge liquidiert. Auf dem Eniwetok-Atoll zünden die Amerikaner die erste Wasserstoffbombe. In Katar wird die Sklaverei abgeschafft. In Bolivien werden die Zinn-Bergwerke verstaatlicht. Nikos Belojannis wird hingerichtet. Auf der Insel Kuba reißt General Batista die Macht an sich. Die guatemaltekische Regierung enteignet gegen Entschädigung die Früchte-Gesellschaft, deren Land sie an kleinere Bauern aufteilt, an Tagelöhner und Landarbeiter. Die Nordatlantische Organisation nimmt die Türkei als Mitgliedsland auf. Cort weist mit Hilfe radioastronomischer Beobachtungen die Spiralstruktur der Milchstraße nach. Der Prozeß gegen einen Brandstifter nebst Bande endet in Wilhelmsburg mit einem Todesurteil und hohen Zuchthausstrafen. In Tunis wird ein Gewerkschaftsführer von französischen Terroristen erschossen. Stalin schwer erkrankt. In Casablanca fallen zweitausend Marokkaner den Schüssen von Kolonialsoldaten zum Opfer. In Kenia errichten die Engländer Konzentrationslager. Erste englische Atombombenexplosion auf der Insel Monte Bello, unweit der australischen Nordwestküste. Jedes Jahr reiste Blach ins Ausland.

Er lernte Italienisch und Spanisch, um sich noch unabhängiger zu machen, und war bald ein gesuchter und kaum noch entbehrlicher Spezialist. Bei den Leitenden & Führenden in Wilhelmsburg hatte sich Mißtrauen breitgemacht, und so wagten sie es nicht, noch andere Leute auf Reisen zu schicken. In Blach hatten sie einen erprobten Unterhändler gefunden. So sah sich Blach bald in der Rolle eines Mannes, der das Monopol innehat, im Ausland Wilhelmsburger Interessen zu vertreten. In diese Rolle wuchs er widerwillig hinein. Er, der nie mehr etwas mit Waffen zu tun haben wollte, fand sein Auskommen darin, mit Waffen und Waffenteilen Geschäfte zu machen und die dazugehörigen Dienstleistungen zu übernehmen. Alle Versuche, in ein anderes Gebiet zu entfliehen, scheiterten. Am liebsten hätte er sich in der Damenmode spezialisiert und wäre mit einem Team von Modeschöpfern und Mannequins in der Welt umhergezogen.

Aber nach dem ersten Versuch gab er es auf, denn als er die Wilhelmsburger Modelle sah, genierte er sich. Er hätte auch gerne medizinische Technik gekauft und verkauft, es entsprach seiner Ausbildung, doch hatte auf dem Gebiet ein anderer Spezialist das Monopol, so daß Blach am Ende seiner Fluchtgedanken reumütig zu seinen Gewehren, Flinten und Büchsen zurückkehrte. Nun in Sorge, man könnte ihm sein eigenes Monopol streitig machen. Wenn er an seine Aufgaben in den Feinmechanischen Fabriken dachte, pendelten seine Gedanken zwischen Abscheu vor dem Produkt, das er betreute, und der Sorge, er könnte seine Privilegien verlieren.

Aus seinem Abscheu heraus bestand er darauf, sich

einen Nachfolger heranzuziehen, und aus seiner Sorge heraus verstand er es so zu lenken, daß sein Nachfolgern ihm intellektuell unterlegen blieb. Man teilte ihm Erwin Neugebauer zu, der soeben die Ingenieurschule mit Glanz beendet hatte. Da dieser gerne öffentlich mit angenehmen Reden auftrat, was von den Wilhelmsburger Leitenden & Führenden hoch eingeschätzt wurde, sagte man ihm eine glanzvolle Zukunft voraus. Erwin Neugebauer aber schaute auf zu Blach, unverhohlen in Bewunderung und Vertrauen.

Damals fühlte sich Blach gebrochen und gedemütigt. Während Vera schlummerte, mit dem Kopfkissen in inniger Umarmung und im Abklang der soeben vollstreckten ehelichen Intimität, die darin bestand, daß der eine dem anderen bereitwillig seine Sexualorgane hergeliehen hatte zum Zwecke der gegenseitigen sexuellen Erleichterung, während Vera also jene nette Kleinigkeit wohlig abklingen ließ, die ihr soeben widerfahren war, lag Blach wach, grübelte und fand keinen Ausweg. Er sah sich in der Falle sitzen. Überall hatte die neue Ordnung ihre Fallen aufgestellt. Sie verlangte von ihm Entscheidungen, von ihm, der sich nicht entscheiden wollte.

Du mußt dich entscheiden, hieß es in Liedern auf der Straße, im Radio, auf Matineen.

Wozu? fragte Blach.

Hierzubleiben oder abzuhauen, sagte Samuel.

Für den Frieden oder für den Krieg, sagte Banzer.

Ich hab' doch keine Wahl, sagte Blach.

Du kannst hier nicht leben, sagte Samuel.

Du mußt dich darauf vorbereiten, die Leitung des Werkes zu übernehmen, sagte Banzer.

Ich will nicht andere kommandieren, sagte Blach.

Du mußt deine Philosophie entwickeln, sagte Samuel.

Du mußt dich den Verhältnissen anpassen, sagte Banzer.

Wahrscheinlich bin ich unfähig, mich zu entscheiden, sagte Blach.

Und ich dachte, sagte Samuel, du wärst etwas Besonderes. Von dir dachte ich, daß du uns mitreißen würdest im kühnen Flug deiner Gedanken.

Ich will nicht mitreißen, sagte Blach, und ich will nicht mitgerissen werden. Ich will nicht aufbegehren, und ich will nicht jubeln.

Aber Knauer, sagte Samuel, an Knauer und dem, was ihm geschehen ist, kannst du doch nicht vorbeigehen.

Was ist denn, rief Blach, sind wir Schachpartner, die neue Ordnung und ich? Muß ich jeden Zug mit einem Gegenzug beantworten?

Und wußte doch im selben Augenblick, daß er jetzt handeln mußte.

Ich muß etwas unternehmen, rief er.

Dann tu etwas, sagte Banzer, den er später aufsuchte, und quatsch nicht nur. Wir alle stehen da und schauen auf dich und sind traurig darüber, daß du dein großes Talent vergeudest, indem du Nußbaum aus der

Türkei herbeischaffst. Wir wollen dich zur Uni schikken. Du bist der Mann, der einmal dieses Werk übernehmen könnte. Zierst dich. Lernst Italienisch und Spanisch. Damit du nachher sagen kannst, du sprichst fünf Sprachen. Was willst du denn werden? Chefdolmetscher? Du? Einer, der Chef werden kann, bescheidet sich und wird Chefdolmetscher? Du denkst, du könntest dich aus allem raushalten. Da täuschst du dich. Niemand kann sich raushalten. Ein Kerl willst du sein. Nonkonformist womöglich, na, dann sei es.

Geh auf den Marktplatz, sagte Samuel leise, und schrei hinaus: Hier geschieht ein Unrecht! Oder glaubst du, Mannesmut und Todesverachtung wären, wenn es darum geht, seine Überzeugung zu vertreten und eine Sache zu verteidigen, lediglich etwas, das in Geschichtsbüchern vorkommt?

Nein, sagte Blach, aber wieso muß ich meine fünfundneunzig Thesen an die Schloßkirche nageln, wenn ich die Möglichkeit habe, die Sache gütlich beizulegen.

Recht oder Unrecht, rief Banzer, kümmern mich nicht in dem Augenblick, da es ums Vaterland geht.

Wie wär's, sagte Blach, wenn ich zum Staatsanwalt ginge und ihm sagte, daß Volksaufklärung über den Fall Knauer unumgänglich wäre.

Banzer lachte verächtlich, und als er eilends das Zimmer verließ, knallte er die Tür hinter sich zu, daß es in der Verkleidung rieselte.

Während also Blach grübelte und zu keinem Entschluß kam, gingen Wochen dahin und Jahre. Und mit jeder neuen Woche, die begann, wußte er, daß er sie jetzt nutzen mußte, und er nutzte sie nicht. Er schlug nichts Aufklärerisches ans Tor, und bis zum Staatsanwalt drang er nicht vor. So blieb alles beim alten. Er erhob sich nicht gegen Unrecht, er floh nicht, er dachte nur über Unrecht nach. Er dachte nur an Flucht.

Und blieb. Und dachte sich immer neue Begründungen für sein Bleiben aus. Er sprach mit Leuten, die ihn ins Vertrauen zogen, notierte sich Jubel, Verzweiflung, Not und Lust. Und in mühseliger Arbeit, nach Feierabend, legte er zwei Listen an. Die erste bekam die Überschrift: Gründe dafür, die neue Ordnung abzulehnen. Die zweite bekam die Überschrift: Gründe dafür, die neue Ordnung gutzuheißen. Die Arbeit dauerte ein Jahr, und am Ende hatte er hundertzweiundneunzig Gründe gefunden, sechsundneunzig auf der einen Liste, sechsundneunzig auf der anderen.

Es ist ein ausgeglichenes Verhältnis, sagte Blach, nicht jede neue Ordnung kann von sich sagen, daß sie so ausgeglichen wäre.

Ein einziger unschuldig Verurteilter, sagte Samuel, ein einziger spurlos verschwundener Mensch wirft alle deine ausgedachten Wohltaten des Systems in den Mülleimer der Geschichte.

Es geht um das Glück der Millionen Tätigen, sagte Banzer, was zählt da das Leid des einen, der so unvorsichtig war, sich ins Räderwerk der Geschichte zu werfen.

Es gelang Blach nicht, sich von Wilhelmsburg zu lösen. Nichts gelang ihm. Wieder und immer wieder stellte er sich damals die Frage nach seiner Aufgabe im Leben. Unruhe, Ekel und Hilflosigkeit stiegen.

Einmal, als Blach aus Amerika zurückkehrte, lud Banzer ihn ein, über die Reise einen Vortrag zu halten. Mit dem Vortrag hatte Blach großen Erfolg. Aber er war unzufrieden mit sich, denn es war ihm nicht gelungen, objektiv zu berichten. Er vermischte Selbsterlebtes mit Angelesenem und entwarf ein hoffnungsloses Bild von diesem Land. So sehr er sich auch mühte, einen unbefangenen Ton zu finden, es mißlang. Etwas peinlich Aufklärerisches mischte sich in seinen Vortrag, so, als sei er dazu aufgerufen, allzubekannte Tatsachen über Amerika durch einen Augenzeugenbericht zu ergänzen. Er fühlte sich derart parteiisch, daß er beschloß, solche Vorträge in Zukunft nicht mehr zu halten, so sehr Banzer ihn dazu drängen mochte.

Er steigerte sich in Rage gegen Banzer, der bald kommen würde, um ihn zu beglückwünschen, um ihm zu sagen, wie sehr er, Blach, wieder einmal den richtigen Ton getroffen habe, und daß nun ein weiteres Zaudern nicht mehr möglich sei. Mit diesem Vortrag, so stellte Blach es sich vor, würde Banzer ihn durch Schulen, Werkstätten und Vortragssäle von Wilhelmsburg hetzen, da die Heimatstadt in ihm nun endlich einen Prediger von Bedeutung entdeckt habe. Blach nahm sich vor, diesen Vortrag nicht zu wiederholen, war entschlossen, Banzer eine Absage, ja, eine Abfuhr zu erteilen. Und als er Banzer kommen sah, trat er ihm entgegen. Nein, würde er sagen, spare dir deine Worte, es war ein miserabler Vortrag.

Es war ein miserabler Vortrag, sagte Banzer.

Blach fuhr hoch.

Wieso? rief er, die Leute waren zufrieden.

Die Leute, die Leute, sagte Banzer, was kümmern uns die Leute, es geht darum, daß es dir nicht gelungen ist, Amerika in seiner gegen andere Staaten gerichteten weltumspannenden Strategie zu entlarven.

Das hab ich getan, sagte Blach, ich habe die Meinung vertreten, daß es sich bei Amerika um eine unter konvulsivischen Zuckungen untergehende Ordnung handelt. Ich habe erzählt von Gesprächen mit Amerikanern und daß ich keinen gefunden habe, der beglückt gewesen wäre über die Zustände dort im Land.

Eben, sagte Banzer.

Was meinst du damit? fragte Blach erschrocken.

Ein untergehendes Land? Ja? rief Banzer, ein Land, das von selbst an seinen eigenen Widersprüchen zugrunde geht, ja? Wozu müssen wir dann noch den Schweren Kampf führen, wenn Amerika sowieso in den letzten Zuckungen liegt? Wozu muß der Osten weiter Waffen entwickeln, wenn Amerika ein alter kranker Mann ist, der aus Schwäche zu einem Angriff auf andere Länder nicht in der Lage ist?

Du spinnst, schrie Blach, es war keineswegs meine Aufgabe, diese Zusammenhänge aufzudecken.

Und die Tätigen Amerikas, rief Banzer, die sind wohl total entmündigt und ohnmächtig? ja? Und die Partei, die ist wohl tot, Ja?

Nein, sagte Blach, sie lebt und arbeitet und hat Kämpfe zu bestehen, innere Kämpfe, um sich nach außen durchzusetzen.

Ich weiß nicht, sagte Banzer mürrisch, warum wir einen Trotzkisten wie dich ins Ausland entsenden.

Einen Moment schwankte Blach, ob er beleidigt, belustigt, verängstigt oder geschmeichelt sein sollte dieses Wortes wegen, das in ihm ein unangenehmes Frösteln hervorrief.

Ich erzähle, was ich weiß, sagte Blach, was ich nicht weiß, erzähle ich nicht. Ich gebe wieder, was mir Leute erzählt haben, ich zitiere.

Aber wen zitierst du, sagte Banzer mißmutig.

Amerikaner, rief Blach, die am besten wissen müssen, wie es in ihrem Land aussieht.

Einen Negerrechtsanwalt hast du zitiert, rief Banzer, einen puertorikanischen Hausbesitzer, einen Fuhrunternehmer, der Indianer ist. Und das in einer Zeit, wo die Indianer sogar aus ihren Reservaten vertrieben werden.

Ich war in keinem Reservat, sagte Blach, von den Problemen der Indianer in ihren Reservaten habe ich keine Ahnung.

Und die Neger werden wohl nicht gelyncht, wie? rief Banzer.

Ich habe nicht gesehen, wie Neger gelyncht werden, sagte Blach.

Das weiß man, sagte Banzer, das braucht man nicht zu sehen.

Blach, der eben noch entschlossen war, seinen Vortrag über Amerika nicht zu wiederholen, setzte nun alles daran, daß sie ihn dazu einluden. Aber es fand sich keine Schule, die ihn gewünscht hätte, es fand sich kein Betrieb, der seine Mitarbeiter von Blach schulen lassen wollte, es fand sich kein Podium, kein Saal, keine Gemeinde. Nur einmal, nachdem er lange gemurrt hatte wegen der willkürlichen Beschneidung seiner Rechte, die Banzer angemaßte Rechte nannte, durfte Blach vor den wichtigsten Leitenden & Führenden von Wilhelmsburg über Amerika sprechen.

In seiner Wut, die er hinter einer aufgesetzten Gelassenheit verbarg, entwarf er vor der Versammlung ein grandioses Bild von der Wirtschaftsmacht Amerika. Von der Freizügigkeit im Lande. Von Macht und Freiheit der Presse, die Präsidenten stürzt und einsetzt. Von der Gewalt der Streitkämpfe, bei denen Polizei und Arbeiter bewaffnet einander gegenüberstehen. Vom Reichtum des Landes und seiner Menschen. Vom Überfluß an Waren und Arbeitskraft. Von Vielfalt und Faszination der Landschaft. Vom Sendungsbewußtsein der Amerikaner.

Elftes Kapitel

In seiner Wut auf Banzer tat er alles, um Amerikas Macht und Größe in den Himmel zu heben. Verwirrt nahm er den Beifall der Zuhörer auf, die sich erhoben und ihn umringten, als er vom Podium ging. Lachend und rot im Gesicht vor Freude eilte Banzer auf ihn zu, umarmte ihn, klopfte ihm den Rücken und sagte ihm ins Ohr:

Das war gekonnt. Du hat ihnen das Weiße im Aug des Feindes gezeigt. Jetzt wissen sie, woran sie sind. Jetzt wissen sie, was sie tun müssen, um das letzte Gefecht zu gewinnen. Ich bin stolz auf dich, und ich beglückwünsche dich, daß du dich wieder gefangen hast.

Lauter Fallen, sagte Blach, diese neue Ordnung besteht aus lauter Fallen, in die du dich verfängst, ob du willst oder nicht.

Natürlich, sagte Samuel, reißt das System in seinem Hunger alles an sich, Freund und Feind, Gerechte und Ungerechte. Nur so kann es existieren. Man muß schon stark sein, um diesem System des Hungers, der

Leidenschaften, des Hochmuts und des Übermuts zu widerstehen.

Wie du, sagte Blach.

Wie ich, sagte Samuel.

Aber nicht nur in Wilhelmsburg fühlte sich Blach von lauter Fallen umstellt. Er sah überall Fallen. Einmal, in Amersfoort, stieg er in den falschen Zug, und anstatt in Rotterdam landete er in Amsterdam. Es war schon später Abend. Nach Den Haag weiterzufahren und von dort nach Rotterdam, wo sie ihn erwarteten, hatte er keine Lust. Er fühlte sich müde. Auch überlegte er, ob er nicht längere Zeit in Holland bleiben sollte. Er hatte das Bedürfnis, alles hinter sich zu lassen, Vera, Samuel, Wilhelmsburg, Erwin Neugebauer, Doktor Buber, Banzer, die Kinder Robert und Sylvia. Alles und alle. Es ergab sich, daß er am selben Abend in einer Imbißstube Julie traf, Julie, die sich gleich vorstellte und wie er einsam zu sein schien.

Ein hübsches, unverdorbenes Mädchen, eine junge Frau, die zurückhaltend ihre Hilfe anbot, als sie begriff, daß er sich in der Stadt nicht auskannte. Am anderen Morgen, als sie nebeneinanderliegend aufwachten, Blach zuerst, er wurde gleich zärtlich, fühlte er, daß er sich in Julie verliebt hatte, ein bißchen, gerade so viel, wie es seinem Charakter entsprach. Er malte sich die kommende Woche mit Julie aus, doch auch die mißlang, denn hemmungslos und in Form einer Beichte versuchte sie ihm etwas klarzumachen.

Und früher? rief sie, und Blach staunte, wie das anfangs so beherrschte Mädchen manisch Worte ausstieß, die sich anhörten, als seien sie an eine lauschende Gemeinde gerichtet, und früher? rief Julie, was war ich da? Da war ich einer der kostbaren Schnörkel im Hause der Kirche, in Blattgold gehämmert, und auch das Material darunter war ein Edelmetall, kostbar und köstlich. Es war eine Freude, mich anzuschauen. Wie ich da stand vor dem Altar in aller Reinheit und Süße und alle mich betrachteten und bewunderten. Ein Glanz schien von mir auszugehen, den sogar die Gottlosen erkannten. Einmal sah ich zwei an mir vorübergehen, und der eine sagte leise zum anderen: Die tät ich gern vögeln. Worauf der andere genau so leise sagte: An die ist aber kein Rankommen. Ich war eine Heilige, und meine Heiligkeit umgab mich wie ein unsichtbarer Zaun. Ich war die verhätschelte Tochter der Kirche, und es sah aus, als wäre ich eine Schöpfung direkt aus Gottes Hand. Dabei war ich ein Geschöpf der Kirche. Aber Gott sah mich in meinem Hochmut, und er selbst war es, der eines Tages zu mir kam und zu mir sagte: Was für ein gottloses Leben führst du im Namen jener imperialistischen Institution, die sich Kirche nennt. Gib auf dein hoffärtiges Leben, und sei du wieder ein Mensch, und tu nicht länger so, als wärest du ein Kleinod. So hat Gott mich vom Sockel gestoßen, auf den mich die Kirche stellte. Er hat meinen Dünkel zerbrochen und mich in den Schmutz geworfen, dort, wo er am stinkendsten ist. Jetzt bin ich ein Spucknapf, jeder kann kommen und mich benutzen.

Als Blach wieder in Wilhelmsburg war, sagte Vera: Diesmal dachte ich, du würdest nicht zurückkommen.

Wo, sagte Blach, könnte ich hin?

Was suchst du eigentlich noch hier? sagte Samuel leise. Du mußt nicht die Brücken hinter dir abbrechen, ist gar nicht nötig, sowas zu tun, wechselst den Wohnsitz, verlegst den Wohnsitz nach Skelmersgreen, wo vielleicht noch deine Patty auf dich wartet, oder willst du sagen, du hättest Patty vergessen? Und kehrst als freier Mann von Zeit zu Zeit nach Wilhelmsburg zurück. Aber denk daran, daß du hier Frau und Kinder zurückläßt. Um nicht kaputtzugehen, müßten sie sich von dir lossagen und dich anklagen wegen deines Verrats.

Ach, Verrat, sagte Blach.

Wenn du nicht gehst, werden sie dich abholen, sagte Samuel leise.

Mich abholen? fragte Blach, warum nicht dich?

Weil ich nichts von diesem System erwarte, sagte Samuel, weil ich nichts mit ihm im Sinn habe. Ich stelle keine Ansprüche an das System, weder moralische noch politische, weder finanzielle noch ideologische. Außerdem habe ich keine Talente, die sie verwerten könnten. Aber du.

Wie machen die das? fragte Blach einmal, belauschen sie einen zuerst? Montieren sie Abhörgeräte in die Wohnung? Lauschen sie am Telefon mit? Denn sie müssen Beweise haben. Daß Knauer in einer öffentlichen Versammlung auftritt und sagt:

Das eine verspreche ich euch, Kollegen, so lange ich Direktor dieses Werkes bin, werden Panzerketten nicht hergestellt.

So etwas vor Gericht wiederzugeben, das wäre kein Beweis für eine feindliche Gesinnung. Also muß ein bißchen mehr her. Aber woher nehmen und nicht stehlen. Oder von mir aus stehlen. Ist am Ende egal. Bloß her mit dem Material. Oder haben sie Knauer, ohne Genaueres über ihn zu wissen, ins Verlies geworfen in der guten Hoffnung, er werde im Laufe der Jahre schon gestehen, was immer ihm in seiner Verzweiflung einfallen mag. Und er wird gestehen, aus eigenem Antrieb. Denn wer hält das schon lange durch? Wann kommen sie eigentlich? Morgens?

Nachts? Vormittags? Fangen sie einen am Fabriktor ab? Na, da bestimmt nicht. Das würde einen Volksauflauf geben. Also kommen sie trotz aller anders lautenden Beteuerungen doch nachts. Oder tags an unbelebten Plätzen. Schneefall wäre schön. Auch ein später Sommerabend mit langen milden Schatten. Sturm, Eis oder Regen wären häßlich als Hintergrund für eine solche Szene. Ich stelle mir vor, wie sie mich suchen. Mich, Blach, suchen sie. Wenn sie Knauer abgeholt haben, dann können sie genau so gut auch mich abholen, denn ich bin genau so schwer schuldig.

Wenn nicht noch mehr. Denn ich habe nicht nur kein Verbrechen begangen, sondern auch noch aufsässige Gedanken. Beispielsweise diese jetzt, daß ich laut nachdenke, wie und wann sie mich holen werden.

Knauer war einer, der nicht zweifelte. Der das, was er dachte, freimütig bekannte. Was ich nicht tu'. Ich bewahre mir meine kleine Provinz, in die ich niemand eintreten lasse. Es sei denn, sie belauschen meinen Beischlaf. Beim Beischlaf werde ich redselig. Also Achtung: in Zukunft äußerste Vorsicht.

Wer weiß, wer mithört. Sich ab und zu im Zimmer umschauen, hinter die Scheuerleisten schauen, unter das Bett, mit den Fingerspitzen die Leisten unter dem Tisch abtasten, die Steckdose abschrauben und hineinschauen, den Blumenstrauß durchsehen, die Lampen nicht vergessen. Denn nur wenn sie mithören, können sie etwas über mich erfahren. Ich stelle mir vor, wie sie mich greifen. Wie sie mir die Arme auf den Rücken drehen.

Oder vielleicht auch nicht, je nachdem, welchen Auftrag sie haben und wie ich mich ihnen gegenüber verhalte. Wie haben sie Knauer gefaßt? Wie ihn abgeführt? Keiner hat es beobachten können. Sie kamen morgens um vier, wie Hannelore Knauer erzählte, und gleich nachdem Knauer aus den Betten gesprungen war, die Tür aufgemacht hatte, waren sie getrennt worden, Herbert Knauer in das eine Zimmer, Hannelore Knauer in das andere, die Söhne Abraham und Thomas in die Küche. Als sie Knauer die Treppe hinabführten, durften weder die Frau noch die Söhne ans Fenster, um hinauszuschauen, ihm zu winken. Er hat sich offenbar nicht gewehrt.

Wird wohl gedacht haben, Gerechtigkeit ist immer

hart und schmerzlich, aber immer gerecht, der Irrtum wird sich schon herausstellen. Auch ich sollte mich nicht wehren, sagte Blach. Denn wenn ich sie beschimpfe, wenn ich mich winde und wehre, dann bleibt ihnen nichts übrig, als mir die Arme auf den Rücken zu drehen. Also, sie kommen und legen mir Handschellen an. Natürlich nennen sie Handschellen nicht Handschellen, sondern Sicherungsspangen, Klickies oder Aufbewahrungshilfen. So wie sie das Zuchthaus nicht Zuchthaus nennen, die Zelle nicht Zelle, den Knüppel nicht Knüppel und die Empi nicht Empi, sondern Kalaschnikow, wie einen lieben ausländischen Freund. Ich stelle mir vor, wie sie mich nach Waffen absuchen.

Wie sie die Brieftasche durchwühlen, wie sie mir Fragen stellen und sich Notizen machen. Ich stelle mir vor, wie sie mich in den Wagen stoßen. Zimperlich können sie nicht vorgehen, denn das würde jeden, auf den sie es abgesehen haben, zu Frechheiten ermuntern. Sie müssen mich ins Auto stoßen, um eindeutige Beziehungen herzustellen, so wie sie Knauer ins Auto gestoßen haben, der ihnen vielleicht noch ins Gewissen geredet hat:

Freunde, er rief womöglich noch ein anderes, mahnenderes Wort als Freunde, Genossen, rief er vielleicht, ich erwarte humane Behandlung.

Ich vermute, auf eine solche Frechheit haben sie ihm eine geklebt. Oder auch nicht, je nachdem, welchen Auftrag sie hatten. Vielleicht lautete der Auftrag: Mit Samthandschuhen anfassen. Ich stelle mir vor, wie sich zwei, der eine links, der andere rechts, neben mich in den Wagen werfen, wie sie dem Fahrer ein Zeichen geben, daß er abfahren kann. Wie sie sich zurücklehnen, und der eine wird wahrscheinlich eine Zigarette aus der Tasche kramen und anstecken und mich fragen, ob ich auch eine will, warum bloß, sagte Blach, haben sie Knauer abgeholt, ich kann so nicht weiterleben.

Doch, sagte Samuel, du kannst weiterleben, sollst mal sehen, wie du ohne Knauer leben kannst.

Ob sie später einmal sagen, daß sie es bedauern, Knauer abgeholt zu haben?

Samuel lachte.

Kann doch sein, sagte Blach, daß sie in gelasseneren Zeiten zu Einsichten kommen, daß sie, sagen wir, in zehn Jahren, vors versammelte Volk treten und sagen: Wir bedauern, daß es zu Gewalttätigkeiten gekommen ist. Aber in einer gewalttätigen Welt war es uns nicht möglich, ohne auszukommen. Unsere historische Aufgabe ist es, Gewalt in der Welt auszumerzen, doch es ist ein Irrglaube von euch zu vermuten, die Welt würde aus Einsicht von ihren Verbrechen lassen. Die Welt mit Hilfe von kalkulierter Gewalt zu regieren, ist einfach, sie aber ohne zu regieren, das scheint uns heute fast unmöglich, rauschender Beifall.

Und trotzdem, indem wir uns vor allem Volk hinstellen und unsere Fehler eingestehen, haben wir uns als Tätige von überlegener Moral und Philosophie erwiesen. Für die Zukunft können wir nichts versprechen, rauschender Beifall. So könnten sie, gut, sagen wir, in fünfzehn Jahren, mit dem Volke reden: Wir können auch nicht versprechen, daß es nicht wieder zu Gewalttätigkeiten kommt, rauschender Beifall, weil wir nicht wissen, was der Widersacher unternimmt, Beelzebub, der kein Mittel scheut, um uns zu vernichten. Im Kampfe verschwimmen manchmal die Konturen, und es kann passieren, daß Unschuldige leiden. Aber es ist nicht unsere gute Sache, die sich nur durch Härte gegen den Schwachen halten kann, es sind die Umstände, unter denen wir oft zu Taten kommen, die wir eigentlich nicht wollen und die wir in dem Augenblick bereuen, wo wir sie tun. Ich will nicht um zehn Jahre so oder so feilschen, in zwanzig Jahren sind alle Taten verjährt, und wenn die neue Ordnung in zwanzig Jahren bedauert, was mit Knauer geschah.

Blach sprach den Satz nicht zu Ende.

Was wäre dann, sagte Samuel verächtlich, wenn sie's bedauerten hinterher?

Ich kenne nur Knauer, sagte Blach. Oder ist Knauer einer unter zehntausend, oder einer unter hunderttausend, oder einer unter zehn? Wenn die neue Ordnung, sobald sie erwachsen ist, ihre Taten bedauert, die Schuldigen bestraft und den Umgekommenen in überzeugender Form ein Denkmal setzt.

Ich weiß manchmal nicht, woran ich bei dir bin, sagte Samuel eisig vor Verachtung, bist du vielleicht ein Schlaubergerchen? Oder bist du ein Idiot? Du kannst doch nicht im Ernst glauben, daß sie ihre Irrtümer ohne äußeren Anlaß zugeben.

Das glaube ich, sagte Blach, ohne sich nicht ständig aus eigener Kraft zu erneuern, wäre die neue Ordnung nicht lebensfähig. Sollen sie's doch machen wie die Amerikaner, die zum Aufschnüffeln des Unrats im Lande Presse und Literatur haben, die ihnen alles Widerwärtige, alle Gemeinheit, alle Unzucht, jedes Verbrechen, jede Niedertracht, jede Rechtlosigkeit gierig verschlingen.

Hör du mir auf mit deinen Amerikanern, sagte Samuel, hier geschieht ein Unrecht, hier steh' deinen Mann.

In eben jener Zeit, Blach inzwischen vierunddreißig und Knauer seit drei Jahren verschwunden, geschah es, daß der junge Mann, den sie Blach beigegeben hatten, um von ihm zu lernen, aber auch, um zu verhindern, daß Blach das Monopol aus seiner Tätigkeit verewigte, in eben jener Zeit also geschah es, daß dieser Erwin Neugebauer in Bewunderung für Blach mehr und mehr darauf bestand, sich nicht nur auf der Arbeit, sondern auch familiär näher kennenzulernen. Blach genoß die unverhohlene Bewunderung des jungen Mannes, hatte für ihn durchaus warme und dankbare Empfindungen, brachte es aber lange nicht übers Herz, Neugebauers drängende Bitten zu erfüllen, denn er hielt neuerdings nicht viel von Freundschaften.

Er spürte, daß er in seinem Leben den falschen

Freunden, den falschen Frauen und den falschen Mächten gedient hatte. Er sah sich in der Rolle eines Menschen, den es unbewußt in die Katastrophe zieht. Obwohl ihm von Neugebauer keine Gefahr drohte, blieb er reserviert. Als er eines Tages zusagte, mit Neugebauer zu fachsimpeln, war es vor allem, um ihn nicht zu kränken.

Als Blach um fünf klingelte, öffnete ihm unverzüglich, als hätte sie hinter der Tür auf ihn gelauert, eine Blondine, die außer einem Slip nichts anhatte und ihm ein bißchen wirr vorkam.

Wasserstoffblond, erzählte Blach später, die hat schwarzes Haar, naturkraus außerdem, du erkennst auf den ersten Blick den Ansatz. Und dieses schöne Haar hat sie sich bleichen, tönen, entkrausen lassen und versaut.

Du meine Güte, rief die Blonde, ich dachte, es ist mein Mann.

Und als Blach unschlüssig war und kehrt machen wollte, rief sie ungeduldig:

Kommen Sie, kommen Sie.

Ich bin um siebzehn Uhr mit Erwin Neugebauer verabredet, sagte Blach mit verlegenem Blick auf die Uhr.

Ich weiß, sagte die Blonde, Sie sind Herr Blach, nicht wahr, ich renne und werfe mir was über.

Sie öffnete vor ihm weit die Tür, und während sie sich eilig ins Innere der Wohnung verzog, trat Blach über die Schwelle und machte, um Zeit zu gewinnen, langsam, sehr langsam die Tür zu. Blieb eine Weile im Korridor stehen, schaute im Spiegel nach seinem losen Zahn. Zählte die an der Garderobenwand hängenden Hüte. Zuerst dachte er, wieviel Herren sind denn bei dieser Nackten zu Besuch? bis ihm einfiel, daß Neugebauer ein Hutfetischist war und daß zweifellos jeder einzelne Hut ihm gehörte. Betrachtete auch den Spruch neben der Garderobe: Laß alle Hoffnung fahren, bis er aus einem der Zimmer rufen hörte:

Was ist, wollen Sie im Flur Wurzeln schlagen?

Gespannt, was ihn wohl weiter erwarten würde, ging er in das Zimmer, aus dem die Aufforderung gekommen war, stand wiederum der Blonden gegenüber, die sich ungeniert ankleidete, und da er einen Moment nicht wußte, was er tun sollte, sagte er:

Damit wir von Gleich zu Gleich miteinander sprechen können, wäre es vielleicht einfacher gewesen, ich hätte meine Sachen ausgezogen?

Sie hielt beim Ankleiden inne und sagte:

Was nun? ich bin halb angezogen, aber Sie haben noch nicht angefangen, sich auszuziehen, was, glauben Sie, geht schneller?

Wahrscheinlich, wenn Sie weitermachen, sagte Blach resignierend, ich bin langsam, bis ich mich ausgepetert habe, das dauert.

Sie lachte und wies ihm einen Platz, kopierte ironisch amerikanischen Kintopp, indem sie ihn nach einem Drink fragte, worauf er sich im gleichen Tonfall nach Soda erkundigte. Als Neugebauer kam, fragte sie

Blach nach Mittelengland aus, nach seinen besten Jahren, wie sie gehört habe. Was er bestritt, die besten Jahre würden in diesem Augenblick für ihn beginnen. Was sie weder bejahte noch verneinte, denn Neugebauer kam ins Zimmer, warf seinen Hut auf den Tisch und sagte:

Na, alter Freund, ich seh', ihr habt euch schon bekannt gemacht.

Sie wird's wohl mehr mit Frauen haben, dachte Blach, nichts überstürzen. Aber bald nach seinem Besuch, als sie sich zufällig in der Stadt trafen, ergriff sie die Initiative:

Sie haben versprochen, mir von Mittelengland zu erzählen.

Sie verabredeten sich, saßen in Cafés, auf Parkbänken, Wanda immer fröhlicher, Blach immer mürrischer, und einmal sagte sie:

Bin gespannt, wie Sie's weitertreiben.

Wir fahren nach Prenzlau, sagte Blach.

Wozu? fragte sie.

Damit wir's endlich hinter uns haben, sagte Blach.

Warum Prenzlau? fragte Wanda.

Da vermutet uns keiner, sagte Blach.

Also, sehr attraktiv ist das nicht, sagte Wanda.

Einmal fuhren sie ins Grüne, und als sein unstet suchender Blick etwas Passendes gefunden hatte, eine Art Kuhle inmitten einer Schonung, zog er sie hin.

Nicht hier, sagte sie.

Warum nicht hier? fragte Blach.

Nicht in diesem Moder, sagte sie.

Zwölftes Kapitel

In diesem Augenblick gab es für Blach nur eines, entweder umzukehren oder jetzt zu handeln. Jede weitere Unentschlossenheit hätte auch aus diesem Spaziergang, der so hoffnungsvoll anfing, etwas Triviales gemacht. Blach, ewig zaudernd, ewig unentschlossen, ewig zurückhaltend, Blach, der Gelassene, sah, daß er jetzt nicht zaudern durfte. Vielleicht gab es im Wesen Wandas etwas, das ihm sagte, ich will überwältigt werden.

Es folgte ein Ringkampf. Bis es ihm gelang, schmerzhaft durch ihr Haargestrüpp in sie einzudringen. Danach lag sie reglos unter ihm, sie machte nicht mit. Den Kopf hatte sie zur Seite gewandt, Augen zu, der rechte Arm, gewinkelt, lag so, daß die halb geöffnete Hand das Haar berührte, das lang und, wahrhaftigen Gottes, dachte Blach, goldfarben ausgebreitet war auf dem Boden aus faulendem Laub und mürben Zweigen. Er stützte sich mit den Armen ab, die Fäuste bis zum Handgelenk in den weichen, fauligen Moder gestemmt. Er kniete zwischen ihren schwach gespreizten Beinen. Seine Bewegungen wurden immer heftiger und hilfloser. Ungeduldig ruckte er auf den Knien nach. Als es dann vorbei war, endlich, dachte Blach, kniete er über ihr, reglos und ohne herauszuziehen. Erschöpft wischte er sich den Schweiß von der Stirn, wobei er einen Streifen Moder übers Gesicht zog. Scheiße, verdammte Scheiße, die ich da angestellt habe, wie komme ich da wieder raus?

Plötzlich umarmte sie ihn heftig und küßte ihn hemmungslos, was ihn verwirrte. Begann sich unter ihm zu bewegen, langsam zuerst. Dann, als sie spürte, wie es sich in ihr wieder aufrichtete, mit geschmeidig ausholenden Bewegungen, indem sie sich seinen zuerst schwachen, dann immer kräftiger werdenden Stößen anpaßte.

Ja, sagte er, du, das ist gut, jetzt, ja.

Sie verlor die Kontrolle über sich, stöhnte in eigenartig tief aus der Lunge kommenden Lauten, hob sich ihm entgegen, schrie auf, sank langsam zusammen, in eben denselben Moder, in dem er bis zu den Handgelenken stak, und während sie seufzend zusammensank, ruckte er immer noch auf lächerliche Weise über ihr auf und nieder, auf und nieder, einen Seufzer versagte er sich. Und als es bei ihm wiederum vorüber war, ließ er sich erschöpft zur Seite abrollen, ein Knie zwischen ihren immer noch leicht gespreizten Beinen. Er wollte sie zärtlich anfassen, unterließ es aber, weil er fürchtete, sie zu beschmutzen. Später, wenn er das Gespräch auf diesen Nachmittag brachte, lächelte sie nur und sagte:

Du bist eben roh.

Das verblüffte ihn, weil Vera ihm eben noch ins Ohr getuschelt hatte, ahnungslos, er schon weit von ihr weg:

Mein Gott, bist du zärtlich, nach so vielen Jahren immer noch zärtlich.

Wahrscheinlich, sagte Blach zu Samuel, gibt es mich in Wirklichkeit nicht, ich existiere nur in der Phantasie meiner Frauen.

Wanda war bald nicht mehr damit einverstanden, daß sie sich außerhalb der Stadt trafen und mit mehr oder weniger Glück vielleicht eine Stelle im Wald fanden, die ihr zusagte. Sie begann sich zu beklagen.

Was sollen wir tun? sagte Blach.

Na, hör mal, sagte Wanda.

So sehr Blach auch grübelte, was sie wohl von ihm erwartete, es fiel ihm nicht ein, bis sie eines Tages sagte:

Komm, wir mieten uns ein Zimmer.

Wo denn? fragte Blach, er fand die Idee sowohl erregend als auch undurchführbar.

Sie wanderten durch die Außenbezirke der Stadt, Wanda immer zwei Schritt voraus, Blach konnte ihr kaum folgen. Zielgerichtet ging sie auf eine Drogerie zu, und als Blach hinter ihr her in den Laden trottete, hörte er, wie sie sagte:

Wir sind auf der Durchreise und haben im Zentrum kein Hotelzimmer bekommen, hier in der Gegend soll eine Familie gelegentlich vermieten. Sie wüßten Bescheid.

Von wem haben Sie das? fragte der Drogist.

Wir kamen vom Bahnhof, sagte Wanda, und sprachen dort mit einer Frau.

Am Fahrkartenschalter? fragte der Drogist.

Ja, sagte Wanda, die vom Fahrkartenschalter.

Der Drogist wühlte in einem Merkzettelstapel, zog einen Zettel heraus und sagte:

Dann wird es sich wohl um diese Adresse handeln.

Sie ließen sich den Weg zeigen, fanden die Adresse, klingelten vergebens an einem Gartentor, bis sie merkten, daß nicht abgeschlossen war. Zu der Frau, die sie hinten im Garten trafen, sagte Wanda, während Blach an den Rosen roch:

Wir hörten, daß Sie gelegentlich vermieten.

Ja, sagte die Frau, hinten im Garten die Laube, aber die ist nicht heizbar.

Das macht nichts, sagte Wanda.

Ich müßte viermal im Monat Bettwäsche waschen, sagte die Frau.

Nicht nötig, sagte Wanda, wir haben nicht die Absicht, jeden Tag hier zu sein, und Wäsche bringen wir selbst mit.

Das ließe sich machen, sagte die Frau, offiziell sind Sie unsere Verwandten.

Als sie nach einer halben Stunde endlich allein im Zimmer waren, zogen sie sich eilends aus, fröstelnd schlüpften sie unter die unbezogenen Bettdecken, lagen fröstelnd auf den Matratzen ohne Laken, Wanda schaute mit starren Augen an die Decke.

Was hast du, sagte Blach leise.

Andauernd haben wir irgendwie Pech, sagte Wanda.

Es war die Zeit, als Blach den jungen und wissensdurstigen Erwin Neugebauer in die Geheimnisse der Schaftholzkunde einweihte und von den mineralischen Böden in Pakistan, der Türkei, in den Rocky Mountains, in Indien, Südfrankreich, Marokko, Bangladesh und der Sierra Madre del Sur erzählte, die dem Walnußholz sowohl Färbung als auch markante Maserung geben. Neben Wanda erschien ihm Vera mit einemmal wie ein rettendes Floß auf hoher See. Um die Geräusche zu übertönen, die Wanda und er machten, wenn sie sich liebten, einmal, zweimal in der Woche für wenige hastige Stunden, hatten sie sich für ihr Liebesnest ein Radio angeschafft. Wanda war von ungebrochener Energie. Immer hatte Blach das Gefühl, als verletze er sie, als bringe er sie zum Ersticken, als beiße er ihr etwas ab, als zerquetsche er etwas, als reiße er ihr etwas auf. Ihre Schreie klangen mehr nach Schmerzen als nach Lust, so daß er manchmal aufhörte und besorgt fragte:

Tu' ich dir weh?

Aber nein, sagte Wanda, mach weiter, mach doch weiter.

Wenn er spät in der Nacht nach Hause kam, legte er sich erschöpft neben Vera, und ein Gefühl der Geborgenheit durchzog ihn, und einmal dachte er sogar, endlich daheim. Er fühlte sich von Wanda bedroht und genötigt, bekam es aber nicht fertig, sich von ihr zu trennen. Wenn er, ausgeruht, Vera die Hand auf die Brust legte und sie weder Mucks noch Muh sagte und nur ihr höher aufatmender Brustkorb ihm signalisierte, daß da noch nicht alles abgestorben war, fühlte er sich kräftig aufsteigen, und weder warf er sich auf sie, noch zuckte da was, noch schrie und bebte da einer, es war nur ein ruhiges Auf und Nieder, das immer langsam begann, ein wenig rascher wurde und dann in ein gemütliches Finale hinüberglitt. Kaum daß sich dabei die Betten bewegten.

Mit Erwin Neugebauer ging Blach das Holzlager durch und ließ ihn die Qualität der einzelnen Schäfte erraten, was er mit lehrreichen Erklärungen begleitete.

Letzte Woche erst, sagte Blach, war eine Kundin beim Direktor mit der Frage, ob sie sich wohl einen schönen Schaft aussuchen dürfe, Geschenk für ihren Gatten, eine hochgestellte Persönlichkeit übrigens. Der Direktor rief mich hinauf und übergab mir die Kundin. Ich geleitete sie in unser Speziallager, das ich für solche Fälle eingerichtet habe und hab' ihr dann die Schäfte vorgelegt.

Wer war es denn? fragte Neugebauer.

Blach sah sich um, ob ein naseweiser Lauscher in der Nähe war und sagte Neugebauer leise den Namen ins Ohr.

Was, rief Neugebauer, der?

Der, sagte Blach, aber du verstehst.

Er legte den Zeigefinger auf die Lippen, und Neugebauer nickte ernst.

Den Namen vergiß wieder, sagte Blach.

Auf diese Weise zum Geheimnisträger gemacht, ging durch Neugebauer sichtlich ein Ruck, woran Blach erkennen konnte, daß sie in Neugebauer die richtige Kraft an der Seite des erfahrenen Altmeisters der Rohschaftkunde gefunden hatten.

Wanda und Blach trafen sich zweimal die Woche, weder Vera noch Erwin Neugebauer schöpften Verdacht. Die Sache flog erst auf, als Wanda schwanger wurde. Sie hatte sich Erwin Neugebauer mit einer gut erfundenen Story entzogen, die ihr seine betuliche Fürsorge einbrachte und sie vor seinen Belästigungen schützte. Stolz und fest konnte sie daher dem Scheidungsrichter ins Gesicht sehen, als der sie intim befragte:

Im wievielten Monat sind Sie?

Im zweiten.

Wann fand der letzte Geschlechtsverkehr mit Ihrem Mann statt?

Vor einem halben Jahr.

Stimmt das, Herr Neugebauer? fragte der Scheidungsrichter.

Ja, sagte Erwin Neugebauer, das stimmt.

Doch als der Scheidungsrichter Vera fragte, wann sie den letzten Geschlechtsverkehr mit Blach gehabt hatte und sie, immer noch überrascht von der neuen Situation, dazu arglos wie eh und je, eigentlich nicht begriff, was da so rasch mit ihr und Blach geschehen sollte und freimütig eingestand, das letzte Mal sei vor wenigen Tagen gewesen, da fuhr nicht nur der Scheidungsrichter vor Empörung hoch. Auch Wanda schrie auf und umfaßte wie schützend ihren noch nicht gerundeten Bauch, schützend vor Blach, dem Ungeheuer.

Wenn Blach nachdachte über die Ursache ihres Hasses in all den späteren Jahren, fiel ihm immer wieder dieses Bild im Gerichtssaal ein. Doch als sie endlich geschieden waren, Blach von Vera und Wanda von Erwin Neugebauer, und als sie endlich verheiratet waren, Blach und Wanda, fühlten sie sich in den ersten Monaten nach der Geburt des Kindes glücklich. Das Kind nannten sie Therese.

Blach lag manchmal nächtelang wach. Sein wirres Leben ging ihm durch den Kopf. Er, bevorzugter Geschäftsmann der Feinmechanischen Fabriken, war gezwungen, durch die Welt zu reisen, um Holzschäfte aus Nußbaum zu begutachten und sie zu erwerben, ein Beruf, der ihm wenig Freude machte, eine Arbeit, die er wegen seiner Englischkenntnisse bekommen hatte. Und mit Englisch hatte es angefangen, als sie ihn zum Bomberpiloten machten. Damals flogen sie Silvester ihren Großangriff an der Westfront, bis zur Bretagne.

Dreizehntes Kapitel

Sie flogen von Hannover an, flogen über Holland hinweg, sahen Brüssel unter sich liegen, flogen über Belgien hinweg, und als sie nach Frankreich kamen, wurde es schwummrig. Im Wald der Rauchpilz einer abgeschossenen Maschine, aber kein Fallschirm. Noch ein Rauchpilz und wieder kein Fallschirm.

Da dachte ich, sagte Blach, wenn die so genau treffen, merkst du wenigstens nicht, wenn es dir passiert.

Bei Reims war die Abwehr so stark, daß an ein Durchkommen nicht zu denken war, und sie drehten ab. Bei Brüssel fing die Maschine an zu brennen. Fallschirm raus, unten der Tommy: Hands up. Blach hatte gedacht, es würde ihm leicht fallen, dem Engländer alle Informationen zu geben, die er verlangte. Doch als er vor dem Abwehroffizier stand, der mit Belanglosigkeiten anfing: Was für eine Maschine haben Sie geflogen? Schauen Sie sich mal die Zeichnung an, was bedeutet diese Schraffur? Wie heißt Ihr Geschwaderchef? fühlte er sich beleidigt durch die banalen Fragen.

Deshalb gab er ausweichende Antworten: Das wissen Sie doch. Das weiß ich auch nicht. Das habe ich vergessen. Und als die Fünfhundertwattlampe eingeschaltet und auf ihn gerichtet wurde, da gab er keine Antwort mehr. Bis der Abwehroffizier ungeduldig wurde und sagte: Sie kommen in eins der Lager, wo wir Unterseeboot-Leute, Gebirgsjäger, Fallschirmjäger, Totenkopf und Flieger zusammenziehen. Wenn Sie jetzt nicht bald anfangen, mit mir zu plaudern, lassen wir dort durchsickern, daß Sie mit uns zusammenarbeiten.

Das Lager befand sich in Skelmersgreen, nahe Manchester, wo sechstausend Mann in einer von deutschen Bombern demontierten Fabrikhalle untergebracht waren. Ein Summen lag in der Halle, das auch nachts nicht ganz verstummte, nur anders im Ton wurde, tagsüber ein helles lautes Summen, nachts ein tieferes leises Summen. Nachts sprang manchmal einer hoch und rannte schreiend durch die Halle ins Freie, wo ihn die Wachen aufgriffen und ihn stumm bis zu seiner Lagerstatt zurückprügelten. Vor dem hohen Himmel sammelten sich Bomberpulks, abends um acht kamen die ersten Staffeln.

Halb neun war der erste Pulk versammelt. In geschlossener und schön anzusehender Formation drehten die gefährlich dröhnenden Maschinen nach Osten. Um neun sammelte sich der nächste Pulk, um zehn der dritte und um elf der letzte. Dann wußte Blach, daß zwischen Rhein und Oder bald wieder Städte in Flammen aufgehen würden. In der ersten Zeit bekam er hysterische Anfälle, die vom Lagerselbstschutz kuriert wurden. Blach bekam Angst, wenn er daran dachte, daß der britische Abwehroffizier seine Drohung wahrmachen und jene Lüge verbreiten würde, von der er sich ein Geständnis versprochen hatte. Wenn Blach die selbstbewußten, psychisch ungebrochenen Elitesoldaten sah, zu denen auch er gehörte, von denen er sich aber entschlossen trennen wollte, und sei es unter Lebensgefahr, dann fühlte er sich nicht wie in einem Kriegsgefangenenlager, sondern wie im Kameradschaftslager in den Vogesen. Jeder, von dem es hieß, er arbeite mit dem Engländer zusammen, wurde vom Kameradschaftsgericht abgeurteilt und dem holländischen oder dänischen Totenkopf übergeben.

Wen die unter die Finger bekamen, sagte Blach, der war hinterher der Gnade Gottes ein Stück näher.

Gut organisiert liefen die illegalen Besuche der Gefangenen in die nähere Umgebung ab, wo Frauen auf sie warteten. Eines Tages hieß es, Gefangene hätten Frauen von Skelmersgreen belästigt. Der Kommandant war vom britischen Afrikakorps. Morgens ließ er die Lagerinsassen antreten, und in Gegenwart der beschwerdeführenden Frauen verkündete er, deutsche Soldaten, die im Afrikakorps gedient hatten, seien unfähig zu einer niedrigen Handlungsweise. Ein beschränkter Offizier, der sich nicht vorstellen konnte, daß der Krieg auch außerhalb Afrikas stattgefunden hatte. Blach hatte angefangen, Englisch zu lernen.

Mißtrauisch beobachtet von den Zuträgern der Lagerselbstverwaltung, machte er bald eine Leistungsprüfung vor Beauftragten des britischen Erziehungsministeriums. Trug den stumm lauschenden Gefangenen vor, wie Goebbels umkam, wie Hitler umkam, wie Ami und Iwan Deutschland besetzten. Als vom Kommandanten die Anfrage kam, ob Blach, who can speak English fluently, in der englischen Schreibstube arbeiten wolle, wurde er zu Fregattenkapitän Hellwege gestoßen.

Was wollte der Tommy von Ihnen?

Blach berichtete.

Gut, sagte Hellwege, halten Sie die Augen auf, machen Sie sich aber nicht verdächtig. Einmal in der Woche erwarte ich Ihren Bericht.

Blach schrieb die Dienstpläne der Wachkompanie, zahlte britischen Soldaten den Sold aus und überwies den Angehörigen die Beihilfen. Vertrat den verantwortlichen Korporal in der Telefonvermittlung. Setzte Jimmy Johnsons Liebesbriefe an die Braut auf. Nahm die Beschwerde des Bauern Llewellynn auf, derzufolge deutsche Gefangene bei ihm eingebrochen waren und Lebensmittel gestohlen hatten. Diskutierte britische Probleme mit Captain Burnett, der ihn ins Offizierskasino lud.

Euch Kontinentale, sagte Burnett, kann man vergleichen mit einer schnittigen Segeljacht, weiß glänzend auf dem blauen Ozean. Auf einmal eine Katastrophe und wumm, weg seid ihr, oder alles wird um und um geschmissen. Wir Engländer dagegen stehen schon seit Jahrhunderten auf diesem ollen, dreckigen Floß und immer bis zu den Knöcheln im Wasser, aber untergehen tun wir nicht, und um und um geschmissen wird bei uns erst recht nichts.

Eigenartig, sagte Blach, an diesen Captain Burnett habe ich überhaupt nicht mehr gedacht. Warum fällt er mir plötzlich ein und ausgerechnet in Wandas Bett?

Als der Tunnel der Unterseeboot-Leute entdeckt wurde, schrie Captain Burnett ihn an:

Sie haben denen die Informationen zugespielt.

Fregattenkapitän Hellwege ließ Blach vorführen und vom dänischen und holländischen Totenkopf in Demutshaltung pressen.

Wann haben Sie das letzte Mal mit diesem Captain gesprochen?

Was haben Sie im Offizierskasino gesagt?

Wer ist der Verbindungsmann zwischen dem Captain und Ihnen?

Captain Burnett war überzeugt davon, daß Blach den Unterseeboot-Leuten mit Karten, Informationen, Warnungen, Hinweisen und Ermunterungen geholfen hatte, den Tunnel zu bauen. Der Lagerselbstschutz war der Meinung, Blach habe den Engländer über die Einzelheiten beim Bau des Tunnels auf dem laufenden gehalten. Auch drei Monate später, als der Tunnel der Fallschirmjäger entdeckt wurde, geriet Blach in doppelten Verdacht. Der verdichtete sich, als den Fliegern schließlich die Flucht durch den Tunnel zur Isle of

Man und von dort in die Republik Irland gelang, wo sie sich auf ihre Heimreise nach Deutschland vorbereiteten. Wieder wurde Blach von beiden Seiten verdächtigt. Um den Fliegern die Flucht zu erleichtern, habe er zwei andere Gruppen preisgegeben.

So entstand das Bild eines Illegalen, der zwischen Bewachern und Bewachten kraft seiner Vermittlerfunktion eine eigene Organisation angelegt hatte.

Blach jedoch fühlte sich genötigt, erpreßt, gedungen, gezwungen, manipuliert. Er spürte, wie jedes seiner Gespräche von der einen wie von der anderen Seite eifersüchtig beobachtet wurde und wie dann eine Gegenmaßnahme erfolgte, die, was die Wut anbelangte, mit der sie geführt wurde, in keinem Verhältnis zum Anlaß stand. Nachts sprang er manchmal aus dem Schlaf, wenn er davon geträumt hatte, nach England zu fliegen. Einmal riß es ihn hoch, als ihm bewußt wurde, daß er im Traum das Lied von den Bomben auf Engeland gesungen hatte, melodiös, schwungvoll und sentimental. Als er wach war, fiel ihm ein, daß er das Lied immer gehaßt hatte. Merkwürdig, daß er es jahrzehntelang nicht vergessen konnte. Selbst im Schlaf nicht. Blach war sicher, daß er nie wirklich hatte Bomben auf England werfen wollen, aber wenn er lange gelegen und über sich nachgedacht hatte, kamen ihm Zweifel. Denn er fragte sich, ob nicht vielleicht wieder eine Zeit kommen würde, in der es eine Sache der Ehre und des Vaterlands war, Bomben auf das morsche Albion zu schmeißen.

Manchmal wachte er nachts auf mit dem Gefühl, im Schlaf die Internationale gesungen zu haben, feurig, melodiös und kraftvoll. Wenn er wach war, erinnerte er sich daran, daß er niemals die Welt verändern oder befreien wollte, aber wenn er lange genug grübelnd wach gelegen hatte, wurde er auch in dieser Frage immer unsicherer. Er fragte sich, ob er nicht vielleicht doch die Welt verändern wollte, wenn möglich befreien, ob er sie nicht am Ende doch verändern und befreien werde. Ein Gedanke, der ihn in Angstschweiß brachte.

Blach hatte Vera nach der Scheidung mit einer vollgestopften Reisetasche verlassen. Alles andere hatte er zurückgelassen. Erst Tage, Wochen, Monate später fielen ihm immer mehr Dinge ein, die er vermißte, die er bei seiner blinden Flucht vergessen hatte. Glücklicherweise war auch Erwin Neugebauer Hals über Kopf aus Wandas Wohnung verschwunden und hatte mancherlei liegen lassen. Zuerst hatte Blach Hemmungen, die Utensilien seines Vorgängers zu benutzen.

Er hatte dabei die vage Vorstellung einer Entweihung, des Einbruchs in eine fremde Intimität. Wanda, die Blachs Zögern spürte, es vielleicht vorausgesehen hatte, rief aus der Küche:

Suchst du was?

Ist schon gut, rief Blach.

Wenn du den Rasierapparat suchst, sagte Wanda, neben dem Spiegel, da hängt er, brauchst nur den Stecker reinzustecken.

Was er mit einiger Überwindung tat. Er hatte ein gemachtes Nest verlassen und setzte sich in ein anderes. Spuren des vorherigen Hausmannes fanden sich überall. Hausschuhe, Größe dreiundvierzig, die Blach nicht paßten und die er in den Müll schmeißen wollte, was Wanda aber verhinderte. Blach wurde den Gedanken nicht los, daß Wanda glaubte, in einem langen und wechselvollen Leben werde sich irgendwann vielleicht wieder einmal ein Herr mit der Hausschuhgröße dreiundvierzig in ihrer Wohnung breitmachen wollen.

Eine elektrische Lötpistole, wie Blach sie sich schon immer gewünscht hatte, fand er eines Morgens, als er im Werkzeugschrank kramte. Fotoalben fanden sich ein, in denen Erwin Neugebauer unübersehbar dominierte. Einige Fotos hatte Wanda bereits mit der Schere bearbeitet, um sich auf diese Weise der so aufdringlich abgebildeten Person zu entledigen.

Wieso dieser vernichtende Haß, dachte Blach.

Erwin Neugebauer hatte auch Unterwäsche hinterlassen. Wanda ersuchte Blach, sich freimütig zu bedienen. Erwin Neugebauers Oberhemd mit der schwarzen Rose, seine rosa geblümte Unterhose, die längsgestreifte Krawatte, vielleicht hatte Wanda die Sachen beiseitegeschafft? Wenn Blach sich überwinden konnte, diese Kleidungsstücke zu benutzen, würde nicht dadurch eine Art Brüderschaft zwischen ihm und Erwin Neugebauer entstehen, vielleicht etwas Mystisch-Erotisches?

Als Blach endlich nachgab und widerwillig Erwins

Unterhose überstreifte, hatte er, Wandas Gesichtsausdruck war eindeutig, an dem sinnlichen Charakter dieser Handlung keinen Zweifel mehr. Dann der Fraß, den Wanda eine Zeitlang auf den Tisch brachte. Nachdem sich Blach mehrmals überwunden hatte, schweigend, doch mit steigender Erbitterung, das, was da auf seinen Teller kam, in sich hineinzulöffeln, konnte er sich nicht mehr beherrschen. Er habe den Fraß satt, schrie er, was Wanda mit beleidigtem Gesichtsausdruck zur Kenntnis nahm. Später erfuhr er, daß Klöße mit Backobst und angebratenem Schinken zu Erwin Neugebauers Leibgerichten zählte.

Du wirst uns allmählich zur Last, sagte Banzer, wir wollen, daß du deine Fähigkeiten nützt, und du weigerst dich.

Ich war Bereichsleiter, sagte Blach, wenn Not am Mann ist, spring ich schon mal ein.

Der Kerl ist unmöglich, sagte Banzer und sah sich nach Zuhörern um, die ihm beipflichten würden, er kriegt Chancen und schlägt sie aus. Ich warne dich, Blach, wundere dich nicht, wenn du eines Morgens an deinen Schreibtisch willst, und es sitzt ein anderer dort, der dir sagt, was du zu tun hast.

Wer? fragte Blach neugierig.

Neugebauer zum Beispiel.

Erwin Neugebauer als Chef, sagte Blach, mit dem käm' ich aus.

Du würdest Anweisungen von ihm akzeptieren? fragte Banzer, fassungslos vor Staunen.

Wenn ich Anweisungen herausgeben soll, sagte Blach, dann müßte ich auch den bestrafen, der sie nicht befolgt. Ich müßte ihn vor meinen Schreibtisch zitieren und ihn zur Rede stellen. Müßte mir seine Entschuldigungen verbitten. Müßte mich hinter die Gewerkschaft klemmen, um zu verhindern, daß er, wenn ich ihn fristlos entlasse, Rechtsmittel gegen mich einlegt. Müßte mich mit Leitenden & Führenden gut stellen, damit sie mich in schwieriger Situation nicht fallen lassen. Müßte Volksreden halten, um Leute von etwas zu überzeugen, von dem ich selbst nicht überzeugt bin. Wenn ihr Erwin Neugebauer euer Vertrauen schenkt, so habt ihr, glaube ich, einen gefunden, der euch Freude machen wird. Ich würde euch nur ärgern und.

Banzer ließ ihn nicht ausreden und schlug die Tür hinter sich zu.

Vierzehntes Kapitel

Wanda hatte eine große Zahl von Freunden und Bekannten, Blach nur wenige, und seine Beziehungen zu ihnen verfielen mehr und mehr, weil er die Lust verloren hatte.

Damals kamen zwei neue Wörter auf in Wilhelmsburg. Party hieß das eine, Bankett das andere. Das Wort Party stand bei den Wilhelmsburgern im Ruf, anrüchig und verlockend frivol zu sein, wurde außerdem verdächtigt, zur Verballhornung des Wortes Partei eingeschmuggelt worden zu sein. Kam es doch, wie Banzer anklagend ausrief, aus dem Englischen, war also von vornherein verdächtig.

Wobei Banzer, als einer der eifrigen, aber sprachunkundigen Kritiker des Wortes, sich keinen Kopf machte, woher das andere Wort stammte, das er so sehr liebte und verteidigte. Das Wort Party wurde in Wilhelmsburg bald zum Reizwort. Gegner des Wortes schimpften und drohten lauthals. Verteidiger flüsterten es sich hinter vorgehaltener Hand zu. Das Wort Bankett hingegen wurde von allen ehrfürchtig bestaunt wie das Signal aus einer anderen Welt.

Alte Wilhelmsburger erinnerte es an Zeiten, da der Erzherzog die Seinen ins Schloß rief. Was der eine als Page, die andere als Kammerzofe dort beobachtet hatten!

Plötzlich wurden in Wilhelmsburg alte Bücher mit Stahl- und Kupferstichen, alte Zeitungen mit ausführlichen Festberichten auf den Dachböden aufgestöbert, gingen von Hand zu Hand, und wer eines der Stücke erwerben wollte, mußte tief in die Tasche greifen.

Später, erzählten die Alten, die Bankette im Palast von Kommerzienrat Böllser, vom einen beobachtet als Führer der Hundestaffel des Parkschutzes, von einer beobachtet als Garderobendame. Und als dann, nach langen tristen Jahren, der Direktor der Feinmechanischen Fabriken das erste Bankett unter der neuen Ordnung ausrichtete und dazu einlud, war es, als hätten Erzherzog und Kommerzienrat gemeinsam geladen.

So feierlich ging es da zu. War beobachtet worden von einem, der beauftragt war, Hausmeisterdienste zu verrichten, im ehemaligen Palast des Kommerzienrates Böllser, jetzt Schulungsstätte einer Partei, und von einer, die Mitarbeiterin der Protokollabteilung war. Wanda, nicht pingelig, ging sowohl zu Parties als auch zu Banketten. Sie hatte sich zur rechten Zeit des jünglinghaften Neugebauers entledigt. Hatte sich Blach angelacht, der nach männlicher Würde und Anstand aussah, außerdem, Getuschel, Fliegeras im Krieg. Sie an seinen Arm geschmiegt, er schlank, sehnig und gesund. Sie herzlich, ja, überschäumend, er aufmerksam beobachtend und zurückhaltend.

Sie strahlend, er ernst. Sie der zarte und süße Gegenstand, um den es geht, er ihr männliches Dekor. Es gab eine Zeit, da er sich freute, stolz war, als der Geliebte, Liebhaber und Gatte einer solchen Frau erkannt zu werden. Er gab sich alle Mühe, nicht aus der Rolle zu fallen, die sie ihm angetragen hatte. Er fand es scheußlich, so viel Erfindungskraft und Fleiß an festlich zubereiteten Speisen zu vergeuden, die zwischen verschiedenen Toasten in fettglänzende Münder gestopft wurden. Er fand die sinnlose Vergeudung von Lebensmitteln zu Zeiten, da Not herrschte, niederdrückend.

Nahm daran teil, weil Wanda es wünschte, weil sie es von ihm erwartete, weil sie es von ihm verlangte.

Es war, sagte Banzer, die endgültige Inbesitznahme des Palastes durch die Klasse.

Banzer beschrieb das Bankett: Alles im Saal war noch so, wie es der Kommerzienrat hinterlassen hat. Die gefälligen, dicken, weichen und gepflegten Teppiche. Die prunkvollen Kristallüster, die wertvollen Gobelins. Er sei die marmorne Freitreppe hinaufgeschritten, wurde von einem Referenten empfangen, der ihm aus dem Mantel half, ihm und der Gattin den Weg wies.

Offiziere in Galauniform, steingrau die einen, olivgrün die anderen, in dunklen Anzügen die Leitenden & Führenden unserer Stadt, verdiente Tätige und

Vertreter der Intelligentia, wie Augenarzt Dr. Schäfer, Domorganist Professor Schmiedecke, der Direktor der Oberschule, Oberstudienrat Werner, sowie Mutzler, der Redakteur der Kreisseite des Bezirksblattes. Oben im Bankettsaal Gobelins, Teppiche, Lüster, in der Mitte, von allen Seiten gut zugänglich, der Tisch.

Ich muß euch gestehen, noch nie hab ich etwas so Schönes gesehen, sagte Banzer.

Einen solchen Überfluß von liebevoll zubereiteten und ausgebreiteten Delikatessen habe er nicht erwartet. Spanferkel, zu jeder Seite eins. Dann, von der Tischkante nach innen ansteigend aufgebaut alles, was das Herz begehrt, sogar Spargel und extra eingeflogene Artischocken. Die Leckereien nicht einfach auf den Teller geknallt wie Kantinenfraß, nein. Jedes der delikaten Stückchen, Fisch und Fleisch, war gespickt mit Gewürzen, gerollt, gedrillt, gefasert oder gefächert, außerdem verziert mit farbiger Paste, Mayonnaise oder Farce. Allerlei Salate, ausgesucht zubereitet, garniert mit zierlichem Grün. Gebratenes und Gesottenes. Hühnerbeinchen in Form eines fünfzackigen Sterns gelegt.

Wie ein Heiligenschein der Madonna in der Kirche, sagte Banzer, Strahlenbündel zwischen den Zacken des Sterns, und die aus Hühnerbeinchen.

Dann aber der Höhepunkt, der Clou des Ganzen. In der Mitte des Tisches, geneigt zum Eingang, durch den die Gäste geschleust wurden, damit sie gleich den richtigen Eindruck empfingen, das Emblem aus feingehackten farbigen Früchten und Gemüsen, umgeben von den Farben der Republik aus Kaviar, Lachs und golden gebratenem Thun. Banzer zwinkerte:

Die Freunde haben dabei sicher unter die Arme gegriffen.

Blach hatte das Gefühl gehabt, hingehen und den Tisch umstoßen zu müssen, hatte sich vorgestellt, wie alles in die Knie ging, um die Kostbarkeiten aufzuklauben, auf dem Fußboden kroch von Delikatesse zu Delikatesse. Aber er war artig hingegangen, hatte nach gebührlicher Aufforderung wie alle artig seinen Teller genommen und war die Tischkante entlanggeschlendert, um sich mit Gabel und Löffel das aufzulegen, wonach ihn gelüstete. Hatte auch bei den Trinksprüchen ordentlich gewartet, bis alles ausgesprochen war, was dem Redner auf der Zunge brannte, hatte nicht heimlich einen hinter die Binde gekippt, nein. Hatte alles mitgemacht, war dabei, als es ans Abräumen der Reste ging und zuerst die Kühnsten, bald aber auch die weniger Kühnen und am Ende sogar die Heimlichtuer das vom Tisch abräumten, was lohnte, nach Hause geschleppt zu werden.

Bitte, Freunde, langt zu, hatte Banzer schließlich die Zaudernden ermuntert. Hier herrschen keine bourgeoisen Zwänge, hier nimmt sich die Klasse das ihr Zustehende.

War auch dabei, wie im Gelben Salon Direktor Schröder, Oberingenieur Kretschmer und Normenhauptsachbearbeiter Faber, umgeben von jüngeren Uniformierten und Schwarzgekleideten, Brüder zur Sonne zur Freiheit anstimmten, und zwar so inbrünstig, daß Faber in Tränen der Rührung ausbrach, ja. Damals wurde Blach noch zu Banketten geladen, zwei Jahre später nicht mehr, nachdem die Sache mit dem Sekretär passiert war.

Wanda fühlte sich bei Banketten in ihrem Element, flirtete mit der Generalität, setzte sich in ein gutes Licht beim Direktor, den man hinter seinem Rücken Erzherzog Konstantin nannte. Sie bewegte sich gemessen, heiter, charmant durch das Gedränge, war kokett in Grenzen, daß selbst der prüdeste Oberst nicht hätte sagen können, sie verletze den guten Geschmack. Bei den Banketten in Wilhelmsburg wurde damals großer Wert gelegt auf Takt, Diskretion und guten Geschmack.

Dieser Zeitabschnitt im Leben von Blach. Da verlassen die letzten sowjetischen Truppen Rumänien, und England fällt in Jordanien ein. Die Chinesen schlagen den Aufstand in Tibet nieder, und Mao verkündet: Laßt hundert Blumen blühen, laßt philosophische Schulen miteinander wetteifern. In Honduras werden die Eisenbahnen der Früchtegesellschaft verstaatlicht. Die Schweiz verkündet, sie werde ihre Armee atomar bewaffnen. Die Rebellenarmee unter der Führung von Castro und Guevara marschiert in Havanna ein. Sputnik zwei wird gestartet mit der Hündin Laika an Bord. In Brüssel findet die Weltausstellung statt. Die Armee übernimmt in Pakistan die Macht. Die Armee übernimmt in Burma die Macht. Französische Fallschirmjäger übernehmen in Algerien die Macht mit dem Ziel, in Frankreich de Gaulle als Präsident an die Spitze des Landes zu bringen. Die Armee übernimmt in Thailand die Macht. Durch Beschuß von Plutonium zweihunderteinundvierzig mit Sauerstoff sechzehn wird in Stockholm ein neues radioaktives Element erzeugt und Nobelium benannt. Chruschtschow kommt an die Macht. Patrice Lumumba gründet die Nationalkongolesische Partei. Island erweitert seine Fischereischutzzone von vier auf zwölf Seemeilen, was Großbritannien veranlaßt, zum Schutz der eigenen Fischerei Kriegsschiffe in das annektierte Seegebiet zu entsenden. Im Irak wird die Monarchie gestürzt, König Faisal wird erschossen. In Wilhelmsburg wird die Stalinallee umbenannt. Fürst Rainier der Dritte von Monaco setzt die Verfassung außer Kraft, löst den Nationalrat auf sowie den Gemeinderat. Das amerikanische Atom-Unterseeboot Nautilus unterquert den Nordpol. Westsumatra und Nordsulawesi erheben sich gegen Sukarno. Staatsstreich in Thailand. Die Islamische Republik Mauretanien wird gegründet. Die Bundesrepublik Kamerun wird gegründet. Die Republik Dahomé wird gegründet. Die Republik Ghana wird gegründet. Die Republik Mali wird gegründet. Die Republik Guinea wird gegründet. Der ceylonesische Premier Bandaranaike wird von einem buddhistischen Mönch ermordet. In Indien streiken die Hafen- und Dockarbeiter.

Wanda fühlte sich auch auf Parties wohl, wohin sie nicht im Abendkleid ging, sondern in ausgeblichenen und ausgefransten Jeans. Gewöhnlich war es so, damals wenigstens, später änderte sich die Etikette, daß die zu Banketten Geladenen grundsätzlich andere und anders waren als jene, die Parties veranstalteten. Eine Ausnahme bildete Wanda, eine andere Banzer. Eine der ersten Parties in Wilhelmsburg unter Leuten, die zu Banketten geladen wurden, fand im Hause von Banzer statt.

Über diese Party gingen später Gerüchte um, und es hätte den Beteiligten beruflich und gesellschaftlich geschadet, wäre nicht Banzers und Wandas guter Leumund den Leitenden & Führenden Beweis genug gewesen für das Hetzerische an den Gerüchten. Und so griffen dann die Autoritätsbewußten und Unnachsichtigen unverzüglich hart durch, wenn ihnen ein Gerüchteverbreiter namhaft gemacht wurde.

Die Vorgänge auf dieser Party bei Banzer wurden dadurch vertuscht. Es wurde eine stark veränderte Version der Vorgänge zielgerichtet verbreitet, und jeder, der an den alten Gerüchten festhielt, lief Gefahr, bestraft zu werden. So wurde Banzers Party zu einer Haupt- und Staatsaktion. Sachlich referiert aber waren die Gerüchtemacher tatsächlich im Unrecht, denn sie behaupteten, Wanda Blach habe sich mit Sekt übergossen. Irene Faber habe einen Striptease veranstaltet, ein Wort, das auszusprechen damals dem Wilhelmsburger mit Bürgersinn die Schamesröte ins Gesicht trieb.

Spötter allerdings behaupteten, die Ursache dieser Röte sei nicht Scham, sondern Lüsternheit, und Christa Kretschmer habe für fünf Mark mit jedem, der wollte und konnte. Eigenartigerweise hatten die Gerüchtemacher bei den auf der Party anwesenden Männern keinerlei sittenwidrige und schamlose Tätigkeiten entdecken können. Zum Verständnis dessen, was damals wirklich passierte, muß zunächst ins Gedächtnis gerufen werden, daß in jener Zeit das erste Gemunkel von einer sexuellen Revolution, in irgendeinem Sodom und Gomorrha ausgebrochen, bis nach Wilhelmsburg gedrungen war.

Die in siegreichen Revolutionen ungeübten Wilhelmsburger bezweifelten zunächst einmal den Erfolg einer solchen Revolution. Bestritten dann, daß es sich um eine Revolution gehandelt habe, worin sie so unrecht nicht hatten. Bewiesen schlüssig, daß es sich um nichts anderes handeln konnte als um ein weiteres Indiz für die Fäulnis jener ausländischen Unzucht, die sich Freiheit nannte.

Nennen wir's doch offen beim Namen, rief Banzer damals, es ist die Dekadenz jener Freiheit, die sich nun auch in sexuellen Orgien ausdrückt, es ist eben Sodom und Gomorrha, das sich anschickt, vom Schauplatz der Weltgeschichte abzutreten.

In aller Öffentlichkeit also war in Wilhelmsburg zu dieser Zeit alles in Ordnung. Das Volk wandte sich voller Abscheu ab von dem, was die Revolution in Sodom und Gomorrha an die Oberfläche hob, insgeheim aber und unbeobachtet schaute dieser und jener etwas genauer hin und fand, daß ihm so etwas eigentlich schon immer gefehlt habe. So traf man sich öfter in privaten Zirkeln, um erregt das erregende Thema zu diskutieren, reichte hier und da nach Wilhelmsburg eingeschmuggelte Zeitungen oder Fotoserien herum, auch Bücher, die anschaulich vorführten oder beschrieben, worum es ging. Zunächst entrüsteten sich alle darüber, erbaten dann aber Kopien von Fotos oder Abschriften von Zeitungsartikeln und Romanauszügen.

Komplizierte Wörter kamen auf und wurden bestaunt, Penetration, Ejakulation, Masturbation, Koitus, Cunnilungus, Orgasmus, Klammer auf, nicht zu verwechseln mit Organismus, Klammer zu, Fellatio, Klimax und zirkumvaginale Muskelentladung. Auch Wörter wie Neunundsechzig beziehungsweise Sechsundneunzig, die nach unschuldigen neuen Kartenspielen klangen, kamen in Umlauf für das, was die Wilhelmsburger längst trieben, von dem sie aber bisher nicht wußten, daß es Begriffe dafür gab.

Die berüchtigte Party bei Banzer kam zustande als Vorbesprechung zu einer Elternbeiratssitzung, zu der Beiratsvorsitzender Banzer seine Stellvertreter Wanda Blach, Irene Faber und Christa Kretschmer nebst Ehepartnern zu sich lud, um zunächst in engstem Kreis interessierende Fragen aus der Schulpraxis zu erörtern. Doch gleich beim ersten Disput verbohrten sich Banzer und seine drei Stellvertreterinnen in das

Problem, daß die sechzehnjährige Petra Jäckel ein Kind erwartete, aber niemand, selbst sie nicht wußte, wer von ihren Klassenkameraden als Vater in Frage kam.

Es waren mehrere Jungen daran beteiligt, doch Eindeutiges zu sagen war unmöglich. Und so wurde diskutiert, während Irmgard Banzer zuerst mit Kaffee und Keksen, später mit Tee und Stullen hin und her lief, während Blach, Faber und Kretschmer pokerten, und zwar, und das soll nicht verschwiegen werden, um erhebliche Beträge. Als die Diskussion, wer die Schuld an Petra Jäckels unmoralischem Lebenswandel trage und was da zu machen sei, immer hitziger wurde und als Banzer, um die Stimmung zu heben, mit frivolen Witzen einfiel, die dankbar bekichert wurden, gingen sie von Kaffee und Tee zu Wein und Schnaps über und von der Diskussion zu Tanz bei intimem Licht und scharfer Musik. Banzer war es dann, der, vom Thema Petra Jäckel ausgehend, mit Reizworten um sich warf, die lärmend begrüßt wurden. Ja, man habe immer schon eine nicht näher zu beschreibende Ahnung gehabt, daß die Ehe nicht das eigentlich Erstrebenswerte sei.

Da aber die Gesellschaft sich auf die Ehe gründe, sie also in höchstem Grade institutionalisiert sei, müsse man versuchen, mit Eigeninitiative von der Einzelehe zur Agglutinationsehe zu kommen. Da sie so freundlich und fröhlich beisammen seien, machten sie sich gegenseitig Mut, was liege da näher als damit unverzüglich bei sich selbst und im eigenen Bewußtsein zu beginnen. Unter den acht Personen beiderlei Geschlechts gab es keinen, der sich nicht hätte animieren lassen. Es war alles vorhanden für einen glücklichen Ausgang des so lärmend betriebenen Unternehmens.

Doch am Ende stellten alle enttäuscht fest, daß ihnen nicht die Kraft, sondern der Mut gefehlt hatte, um die Konventionen hinwegzufegen, die ihnen hinderlich waren, an denen sie aber von Herzen hingen. Es hätte ein verzweifelter Mut sein müssen, für den jedoch war niemand verzweifelt genug, und so fanden sich am Morgen nach der Orgie in verschiedenen Räumen Paare in inniger Umarmung, Frau und Mann mit dem ehelichen Partner, den das Gesetz garantierte. Für Wilhelmsburg war es ein Ereignis von hohem Rang.

Fünfzehntes Kapitel

Sich zusammenzureimen, was sich da wohl abgespielt haben mag, ist für den aufmerksamen Nachbarn ein Kinderspiel. Vier Ehepaare sind abends in Klausur gegangen. In der Nacht scharfe Musik, Gekreisch und eigenartig stille Pausen. Am frühen Morgen werden leere Flaschen vor die Tür gestellt. Verkaterte Gesichter sehen nach dem Wetter. Vier Ehepaare setzen sich bedrückt an den Frühstückstisch. Als Blach Montag früh an die Arbeit ging, kam Neugebauer, inzwischen sein Chef, und sagte mit frohem Lächeln:

Gratuliere.

Wozu? fragte Blach.

Daß es bei euch langsam in die Brüche geht, sagte Neugebauer.

Blach hatte neugierig daran teilgenommen. Skeptisch hatte er seine Gespielen beobachtet und sich selbst, war nach langen Überlegungen zu der Ansicht gelangt, ja, wir sind dem Neuen gegenüber aufgeschlossen, wir haben den Wunsch, uns von Zwängen und Tabus zu befreien, aber wie ist doch jeder von uns

Knecht seiner Skrupel, außer Banzer, der keine Skrupel kennt, er ist wahrscheinlich der wahrhaft neue Mensch. Unklar war ihm die Sache bei Wanda. Er war überzeugt, daß sie fremdging, wußte aber nicht mit wem. Traute sich auch nicht, verabscheute es, sie zu fragen. Wanda zeigte ihm mehr und mehr Wut und Verachtung. Es geschah immer öfter, daß sie aus heiterem Himmel Streit anfing. Doch es dauerte Jahre, bis der Zustand ihrer Ehe so war, daß Blach es über sich brachte, sie danach zu fragen:

Betrügst du mich?

Der große Abrakadabra wird wohl mißtrauisch? fragte Wanda spöttisch zurück, der große Zaubermeister fängt an, die Macht seines Zauberstabs zu bezweifeln? Es ist doch Afferei, was wir betreiben. Du bist zerfressen von der Eitelkeit, es mir ordentlich besorgt zu haben. Wenn ich nur ehrlich genug seufze. Wenn ich mich nur so sehr in der Gewalt habe, daß ich anstatt einzuschlafen aufschreie vor Lust. Jeden Tag muß ich mir gefallen lassen, daß du an mir deine elende Eitelkeit befriedigst. Und ich Dummchen finde dann noch Worte, um dich anzustacheln. Stoß tiefer, noch tiefer, oh mein Gott, bist du tief. Wozu tu' ich das? Um Ruhe vor dem ewigen Gezeter zu haben, ob ich wohl auch gut gekommen bin. Nein, mein Freund, möchte ich dir sagen, ich weiß nicht, wovon du redest. Statt dessen sage ich, es war wundervoll.

Betrügst du mich? fragte Blach.

Ob ich dich betrüge? rief Wanda mit vor Wut rot angelaufenem Gesicht.

Ja, sagte Blach, das frage ich dich.

Ja, ich betrüge dich, schrie Wanda.

Mit wem? fragte Blach.

Wanda lachte, wandte sich an ein unsichtbares Publikum, er fragt, mit wem ich ihn wohl betrüge.

Sie war so ganz in der Rolle der schönen Anklägerin, daß sie sogar die schöne Hand anklagend erhob.

Er ist eifersüchtig, rief sie. Und er hat Grund, eifersüchtig zu sein. Denn es ist wahr, ich betrüge ihn, wenn ich mich nachts aus seinem Bett schleiche und mich auf Zehenspitzen stelle, mich an der Ecke des Handwaschbeckens hochstemme und dann die Ecke des Handwaschbeckens liebe. In dieser Liebe, mein Freund, da ist nichts gespielt.

Denn ich bin es, die aufseufzt vor Lust, leise, damit du nicht davon aufwachst und dich beunruhigst. Die Ecke des Handwaschbeckens fragt mich auch nicht dämlich und überflüssig: Hab ich es dir gut gemacht, Liebste? Die Ecke des Handwaschbeckens, mein Freund, auf die kannst du wirklich eifersüchtig sein. Sie ist dein ernst zu nehmender Nebenbuhler.

Betrügst du mich? fragte Blach.

Ja, sagte Wanda.

Seit wann? fragte Blach.

Seit Jahren, sagte Wanda.

Mit wem? fragte Blach.

Mit Irene, sagte Wanda.

Ich hab gefragt, ob du mich betrügst, sagte Blach ungeduldig.

Jetzt ist es endlich raus, sagte Wanda voller Verachtung, jetzt hast du dich endlich und endgültig entlarvt. So ist das also. Du bist ja noch eitler, als ich dachte. Eben habe ich dir erklärt, welche Liebschaften ich unterhalte, aber du akzeptierst nur einen Mann als ernst zu nehmenden Nebenbuhler. Und nun sag' ich es dir, ja, es stimmt, ich habe dich auch mit Männern betrogen. Ich habe es versucht, mich von dir freizumachen. Vergebens. In einer Frage kannst du wirklich beruhigt sein, obwohl ich es wieder und wieder probiert habe.

Mit wem? fragte Blach.

Um am Ende festzustellen, sagte Wanda, daß sie alle nur eitel sind, keiner war ein wirklicher Liebhaber.

Kenne ich sie? fragte Blach.

Nein, du kennst sie nicht, sagte Wanda müde, keinen von ihnen kennst du, kannst beruhigt sein, es wird niemand hinter dir herlachen oder dir zwei Hörner zeigen. Keiner von ihnen kennt dich, und keinen von ihnen kennst du. Es ist alles im Sande verlaufen. Keiner von ihnen war besser als du, sagte Wanda, indem sie sich aufrichtete, mit plötzlichem Spott, oder kam es ihm nur so vor? Von allen Männern, sagte sie, die ich hatte, machst du es am besten. Blach, Blach, Blach, ich weiß nicht, ob ich dich wieder anlüge, ob ich dich verhöhne oder ob ich jetzt die Wahrheit sage. Haben wir nicht mal fünf Stunden Zeit, um uns nur mit uns zu beschäftigen? Geht das nicht? Herrgott, warum geht es denn nicht?

Blach fühlte sich verkrüppelt. Er sah nur eines: entweder würde Wanda weiterlügen, um ihn zufriedenzustellen, oder er müßte anfangen, ebenso kunstvoll wie sie zu lügen, um sie zufriedenzustellen. Er fand, daß sie ihm mit ihren Lügen einige schöne Jahre bereitet hatte und daß es recht und billig wäre, es ihr heimzuzahlen. Deshalb ging er auf ihr Angebot ein und gab sich alle Mühe, mit Irene und der Ecke des Handwaschbeckens zu konkurrieren, vom elektrischen Rasierapparat als Vibrationsmaschine war nicht die Rede gewesen.

Während er mehr und mehr ausbrannte, ausglühte, müder wurde bis zur Depression, blühte Wanda sichtlich auf.

Seine Lügen waren von solcher Qualität, daß es der mißtrauischen Wanda nicht einfiel, ihm zu mißtrauen. Er überbot sich in phantastischen Angeboten, die er mit dem zur störungsfreien Durchführung des Aktes notwendigen Schwung behutsam und entschlossen einleitete, sie kontrolliert und dabei emotional bis zum angestrebten Höhepunkt durchstand. Nach einem halben Jahr aber gab er es auf, was bei Wanda zu Zorn und Haß führte.

Ich hab' sie nicht mehr lieb, sagte er.

Er war damals siebenundvierzig. Abends saß er am Fenster und schaute auf die Straße. Ein Mann ging nach Hause. Blach wunderte sich, wie es der Natur möglich gewesen war, einen so komplizierten Mechanismus wie die menschliche Fortbewegung zu erfinden. Überhaupt der komplizierte Gelenkmechanismus. Er fand, daß die Fortbewegungsart des Rades eine viel einfachere sei, und obwohl sie viel einfacher war als der Schritt, hatte die Natur das Rad als Fortbewegungsmittel nicht erfunden.

Blach legte den Kopf auf die Seite und betrachtete so aus einem anderen Blickwinkel den nach Hause kommenden Mann, fand dieses stolpernde Stelzen unnatürlich. Unnatürlich auch bei den drei Mädchen, die kurze Zeit später stumm, blicklos und mit spitzem Knie an seinem Fenster vorbei von der Nachtschicht nach Hause kamen. Schlief darüber ein, wachte auf, und als er in das eheliche Schlafzimmer schlich, hörte er, wie Wanda sich in unruhigen Träumen hin und her warf.

Ich weiß nicht, sagte Blach einmal, wahrscheinlich ist unsere Ehe ein tragischer Irrtum.

Nach all den Jahren? rief Wanda, das wagst du mir ins Gesicht zu sagen, nach all den Jahren?

Was sollen wir tun? sagte Blach, uns weiter quälen?

Ja, wenn du das so siehst, rief Wanda, warum sind wir dann noch nicht geschieden?

Das Tabuwort war ausgesprochen, und es fiel von da an öfter, bis es seinen beschwörenden Sinn verlor, mehr und mehr an Realität gewann, schließlich zu einem rasch hingeworfenen Schlagwort absank.

Ich könnte auf Therese nicht verzichten, sagte Blach.

Aber auf mich schon? schrie Wanda.

Blach antwortete nicht. Er wußtc, daß er zu weit gegangen war. Er wußte, daß er das Gesagte aus der Welt schaffen, sich redlich und mit Erfolg abmühen mußte. Sie würde weinen, wie immer, und ihn mit Fäusten bearbeiten, wie immer. Aber in ein, zwei Stunden würde ein Zustand relativer Ruhe eintreten, und in der anschließenden Umarmung, verbunden mit einem heftig geführten Geschlechtsverkehr, wäre der alte Zustand wieder erreicht. Er wußte, daß cr auf diese Weise noch jahrelang mit ihr leben könnte. Aber er war zu einem Kompromiß nicht mehr bereit. Mit einemmal war es ihm egal, was aus seiner Antwort entstand.

Ich kann nicht ewig damit leben, sagte er zu Samuel, daß ich mit meiner Meinung hinterm Berg halte, daß ich mich einordne, daß ich mich anpasse, daß ich raffiniert bin, diplomatisch, um die Ehe zu erhalten, daß ich taktiere, laviere, pariere und paktiere, was ist das für ein beschissenes Leben. Nein, sagte Blach, daraus wird nichts.

Antworte mir, schrie Wanda, willst du damit sagen, daß du auf mich verzichten kannst?

Blach antwortete nicht.

Du Lump, schrie Wanda, du Schweinehund, jetzt sollst du mich kennenlernen. Das sollst du nicht umsonst gesagt haben. Jetzt werde ich dir beweisen, was es heißt, ohne mich zu leben. Dir zeig ich's. Du wirst noch kommen und jammern und dann, das schwör' ich dir, wirst du dein blaues Wunder erleben. Du kriegst die Füße nicht mehr auf den Boden, du nicht.

Was folgte, war eine Szene, auf die Blach schaute wie auf einen fünfundzwanzigmal gesehenen Film. Da wurden Koffer aufgerissen und Schränke. Da wurden Klamotten in Koffer geschmissen. Da wurde mit Schuhen durch die Wohnung geklappert, hin und her und hin und her. Da wurden Türen zugeknallt. Da wurde geklagt und angeklagt, gewettert und geweint. Da wurden rot geränderte Augen gewischt. Da wurde das Kind aus dem Schlaf gerissen und an der Hand aus der Wohnung gezerrt. Blach wurde von unbezähmbarer Müdigkeit befallen. Müde fiel er aufs Bett, streifte im Einschlafen die Schuhe von den Füßen, zuerst den einen, dann, nach vielen ungeschickten Versuchen, den anderen.

Und sank in Schlaf, aus dem er morgens um sechs hochschreckte und feststellte, daß er allein war die Wohnung still und leer von Weib und Kind. Er endlich unendlich allein mit dem Verdacht, daß von hier und heute eine neue Epoche seines Lebens ihren Anfang nahm. Nicht er war geflohen, sondern man floh ihn. Damit glaubte er das Recht erworben zu haben zu einem geeigneten Gegenschlag. Mit Hilfe einer ledergegürteten Garde die Flüchtige jagen, auflesen und an den Schandpfahl ketten.

Blach machte sich Sorgen, in welcher Weise der Haushalt aufgeteilt werden konnte, und zwar so, daß man ihn als großmütig bezeichnen mußte, er selbst hinterher aber nicht als der Angeschmierte dastand. Den Verhältnissen entsprechend, in denen sie damals lebten, ging es nicht um: Du das Haus, ich das Auto, sondern darum: Du diesen Topf, ich den anderen. Du das Sieb, ich den Quirl. Du die Wanne, ich drei Vasen. Du ein Bett, ich ein Bett. Du drei Stühle, ich den Tisch. Du drei Bestecke mit dem schwarzen Griff, ich vier Bestecke mit dem braunen Griff. Du das Aufschneidemesser, ich den schwedischen Korkenzieher. Du die blaugeblümten Teller, ich die buntgeblümten Teller. Du das Buch, ich die Axt. Du das Radio, ich den Plattenspieler. Du die Zange, ich den Hammer. Du die Lampe, ich den Docht.

Blach kam ohne Rechtsanwalt vor den Scheidungsrichter, er wollte Wanda nicht verärgern und in die Enge treiben, ohne einen Rechtsanwalt wollte er Wanda seine Wehrlosigkeit klarmachen. Später erinnerte er sich oft dieser rührenden Überlegung. Er würde Schwert und Schild am Ufer des großen Stroms niederlegen und ausrufen, der Krieg ist vorbei, ja. Solcher Gedanken war Blach fähig. Andererseits tat ihm das Geld leid. Wozu noch Rechtsverdrehern Geld in den Rachen schmeißen, wenn sich die Ehepartner einig geworden sind, in Frieden auseinanderzugehen, wenn beide die Scheidung wünschten.

Nicht Blach hatte die Scheidung gewünscht, sondern Wanda, er hatte sich Wandas Wünschen gefügt. Sein Sinnen war auf Bestand gerichtet, nicht auf Scheidung. Weder Scheidung von der Ehefrau noch von der Stadt, vom Land, vom Leben. Blach übertrat Grenzen und mißachtete Tabus, wenn das Risiko gering war. Er war darauf vorbereitet, daß die Ehe durch den Tod geschieden wird, wie es heißt, durch den Tod im Altersheim, im abstürzenden Flugzeug, von der Franzosenkugel oder beim Schwächeanfall auf offener Müritz.

Er überreichte Wanda und dem Scheidungsrichter ein Schriftstück, aus dem hervorging, wie er sich die gütliche Einigung dachte. Es sei ihm nicht an materiellen Dingen gelegen, schrieb er und hoffte, sich auf diese Weise in einem günstigen Licht zu präsentieren. Aber aus seinem langen Schreiben sprach lediglich ein Mann in Angst.

Sechzehntes Kapitel

Es war nicht gleich ersichtlich, worin seine Angst bestand. Der ständige Hinweis auf seine Geringschätzung materieller Werte war grotesk und jedem, der es las, peinlich, so daß er damit das Gegenteil von dem erreichte, was er beabsichtigt hatte. Der Leser des Briefes wartete darauf, daß Blach endlich zu seiner ideellen Forderung käme. Seine bereitwillige Verschleuderung materieller Güter war nur verständlich, wenn er gleichzeitig etwas anderes zu erringen trachtete, das für ihn einen höheren Wert darstellte. Aus dem Pamphlet ging nicht klar hervor, was der Mann käuflich zu erwerben trachtete, so verklausuliert und listig war das Schriftstück abgefaßt. Obwohl zwischen ihm und Tochter Therese, schrieb er, eine überaus enge und liebevolle Beziehung bestehe, wolle er Mutter und Tochter nicht getrennt wissen, aber er gebe zu, daß es ihm höchstes Glück bedeute, überließe man ihm die Tochter zur Erziehung.

Alles in allem wirkte das Schreiben auf jeden unangenehm. Es triefte vor Großmut, verbarg unter Phrasen Existenzangst, verbarg jene Forderung, die Blach sich mit materiellen Verlusten zu erkaufen hoffte. Auf den Scheidungsrichter machte das Schriftstück einen ungünstigen Eindruck, und als Blach vor ihn trat, bescheiden, nachdenklich und nachgiebig, betrachtete er ihn nicht mit Sympathie, wie Blach erwartet hatte, sondern war auf der Hut, um nicht von diesem höflichen und freundlichen Mann hereingelegt zu werden.

Doch als Wanda auftauchte, links neben sich den Anwalt, rechts neben sich dessen Assistenten, als die Zeugenliste eingereicht wurde, auf der neun Namen standen, bekam der Scheidungsrichter Mitleid mit Blach. Das Ganze machte den Eindruck einer Verhandlung gegen einen Verbrecher.

Ich ersehe aus meinen Unterlagen, Herr Blach, sagte der Scheidungsrichter, daß Sie die Absicht haben, ohne Rechtsberatung in diese Ehesache zu gehen. Sollten Sie nachträglich den Wunsch haben, einen Anwalt hinzuzuziehen, so würde ich den Eröffnungstermin vertagen, was meinen Sie?

Blach war erschrocken über den Aufmarsch Wandas, über die Papiere, mit denen sich die Anwälte beschäftigten, über Wandas Gesicht mit dem Ausdruck tragisch dahinsterbender Anmut. Wanda verschwendete keinen Blick an Blach, der fand, es handele sich um ein allzu gewaltiges Aufgebot aus nichtigem Anlaß. Und obwohl ihn Feindseligkeit und Entschlossenheit ängstigten, täuschte er Überlegenheit vor:

Ich glaube nicht, daß ein Anwalt meine Sache besser vertreten könnte als ich.

Wandas Anwalt wechselte mit seinem Assistenten einen kurzen Blick, auf dem Gesicht ein kleines Lächeln. Wanda schnaufte verächtlich.

Doch bald bedauerte Blach, allein und ohne juristischen Beistand dazustehen, denn ihm wurde bedeutet, Wanda werde nachweisen, daß sich Geisteszustand, Moral, Charakter und Person des Blach verheerend auf Therese ausgewirkt hätten.

Entweder das Gericht übertrage Wanda die Erziehungsberechtigung und erkläre Blach für erziehungsunfähig und erziehungsunwürdig und verweigere ihm jede Einflußnahme auf die Tochter, oder Therese müsse Blach zugesprochen werden. Dann jedoch werde die Mandantin nicht eine Sekunde mehr mit der Tochter zu tun haben wollen, um nicht Zeuge weiterer Verheerungen zu sein, die Blach an deren Leib, Geist und Leben anrichte, die Mandantin wolle nicht schuldig werden und so weiter. Blach begann vor Erregung zu zittern bei der kurzen und entschlossenen Rede des Anwalts.

Ob er alles verstanden habe, wollte der Scheidungsrichter wissen. Ja, er habe alles verstanden. Ob er dazu einen Gegenantrag stellen wolle, fragte der Scheidungsrichter. Ja, das wolle er, sagte Blach ungeachtet seiner Beschämung. Er wolle dem Gericht seine Anträge in anderer Form wiederholen, und zwar so, wie er sie in seinem Schriftstück abgegeben habe. Was den Richter veranlaßte, ihn nochmals zu fragen, ob er nicht vielleicht doch die Beratung eines Anwalts wünsche. Doch Blach befürchtete, eine Verzögerung gebe seinen Widersachern, wie er sie insgeheim titulierte, Zeit, sich noch besser zu präparieren.

Frau Fellati, geschiedene Blach, sagte Wandas Anwalt, Ihr jetziger Ehemann ist anwesend. Haben Sie Hemmungen, uns über Ihre sexuellen Beziehungen zu Walter Blach Auskunft zu geben?

Nein, sagte Vera.

Was nein? fragte der Scheidungsrichter.

Keine Hemmungen, sagte Vera.

Weshalb nicht? fragte der Scheidungsrichter.

Weil ich meinem Mann alles erzählt habe und wie es dazu kam, sagte Vera, und obwohl er verabscheut, was ich getan habe, überläßt er es mir, wie ich in dieser Sache aussagen will.

Aus Ihren Andeutungen muß ich schließen, sagte der Scheidungsrichter, daß Sie mit Herrn Blach noch sexuelle Beziehungen unterhielten, als Sie bereits mit Herrn Fellati verheiratet waren.

Stimmt, sagte Vera.

Und Sie glauben nicht, sagte mürrisch der Scheidungsrichter, daß mir nach Ihrer Aussage eine andere Ehescheidungssache, Fellati gegen Fellati, auf den Tisch kommt?

Das müssen Sie meinen Mann fragen, sagte Vera.

Was sagen Sie dazu, Herr Fellati? fragte der Scheidungsrichter, indem er sich an einen Mann in der letzten Reihe wandte.

Nein, sagte der Mann, machen Sie sich darüber keine Sorgen.

Ich frage Sie also, sagte der Scheidungsrichter, wann haben Sie das letzte Mal mit Walter Blach sexuell verkehrt.

Vergangenen Monat, am siebzehnten, sagte Vera.

Und davor? fragte der Scheidungsrichter.

Jeden Monat einmal, sagte Vera.

Seitdem Sie geschieden waren von Blach, jeden Monat einmal? fragte mürrisch der Scheidungsrichter.

Wo denken Sie hin, sagte Vera, es fing erst vor zwei Jahren wieder mit uns an, als Blach kam und sagte, er wisse in seiner neuen Ehe nicht aus noch ein.

Sie können sich setzen, Frau Fellati, sagte Wandas Anwalt, weitere Aussagen werden von Ihnen nicht benötigt.

Aber meine weitere Aussage ist wichtig, sagte Vera, denn an jenem Abend teilte mir Blach mit, daß Wanda ein Komplott gegen ihn schmiede. Ich lachte ihn aus und sagte ihm: Red' nicht solchen Unfug.

Ich glaube, das genügt, rief Wandas Anwalt, um klarzumachen, wie tief der moralische Stand dieses Herrn samt seiner ehemaligen Ehefrau ist und wie tief verletzt meine Mandantin durch die zügellose und jeder Moral hohnsprechende Lebensweise des Herrn Blach wurde.

Als Blach aus der Gefangenschaft kam, sagte Vera, brauchte ich jemand, bei dem ich mich ausheulen konnte, und in Blach fand ich einen verständnisvollen Freund, was ich ihm seitdem nie vergessen habe.

Wenige Tage vor Ihrer Scheidung von Herrn Blach,

sagte Wandas Anwalt, hatten Sie, wie ich den Akten entnehme, sexuellen Verkehr mit ihm.

In der letzten Reihe wurde ein Stuhl zurückgeschoben, und Herr Fellati verließ eilends den Saal.

Was ist? rief Vera dem Scheidungsrichter zu, bin ich angeklagt, muß ich mich hier verantworten?

Wütend durchquerte sie den Saal, und als sie hinausging, wollte sie die Tür hinter sich zuknallen. Da es sich aber um eine dieser schweren und hohen Eichentüren handelte, die sich nur langsam in den Angeln bewegen, kam leider nicht das zustande, was Vera sich als wünschenswerten Abgang vorgestellt hatte: ein heftiger Knall. Statt dessen zerrte eine elegant aufgemachte Dame mit verrutschtem Rock und entblößtem vorgestrecktem Knie an einer Messingklinke, um die riesige Tür einen Spaltbreit aufzukriegen und schmal hinauszuschlüpfen.

Ich verlese jetzt, sagte der Scheidungsrichter, den Bericht, den der Vertreter des Jugendamtes auf unsere Anforderung hin eingereicht hat:

Bei meinem Besuch am Sonntag, dem fünften Mai neunzehnhundertsiebenundsechzig, vormittags neun Uhr, traf ich die Familie B. beim gemeinsamen Frühstück an. Es herrschte zwischen den Ehepartnern eine gespannte Stimmung, die, wie mir schien, durch mein Eintreffen nicht wie üblich gemildert, sondern eher verschlimmert wurde. Das Kind Therese war in sich versunken, schweigsam und sah kaum auf. Es handelt sich bei ihr, wie ich durch Befragen ermittelte, um ein

Kind, das menschenscheu und sensibel ist. Auf meine Frage, wie die Ehepartner in der jetzigen Situation ihre Wohnverhältnisse geregelt hätten, antwortete Herr B. grob, daß Auskünfte solcherart einzuholen doch wohl nicht Sache des Jugendamtes sei.

Ich wies ihn darauf hin, daß es sehr wohl im Interesse des Kindes sei, also auch seines gesellschaftlichen Interessenvertreters, des Jugendamtes, Ehepartner, die sich in Scheidung befinden, in der Frage zu beraten, ob es ratsam sei und der positiven Kindesentwicklung zuträglich, wenn Vater und Mutter weiterhin in ein und demselben Raum nächtigen oder nicht. Die Wohnung machte einen sauberen Eindruck. Frau B. antwortete auf meine Fragen einsichtig, wohingegen Herr B. mich spüren ließ, daß er meinen Besuch als Einmischung betrachtete.

Den Ausdruck Schnüffler, den er auf mich anwandte, verbat ich mir entschieden. Bei dem Gang durch die Räumlichkeiten, die mir Frau B. erläuterte, konnte ich feststellen, daß Herr B. nachts nicht mehr das gemeinsame Schlafzimmer benutzt, sondern sich auf eine Liege in der Küche zurückzieht. Insgesamt ließ die Wohnung die Hand einer ordnungsbeflissenen Hausfrau erkennen. Nach Aussage ihrer Lehrer geht Therese ordentlich und sauber zur Schule. Erzieherisch ist Therese auffällig, weil sie, bei großem Fleiß und Pflichtbewußtsein, kaum Kontakte zu Mitschülern pflegt. Frau B. arbeitet im Elternaktiv mit und ist der Klassenlehrerin bei Schulausflügen und außerschulischen Schulveranstaltungen behilflich.

Der Vorsitzende der Hausgemeinschaft sagt aus, daß es zwischen Herrn und Frau B. seit Jahren zu Streitigkeiten kommt, die so laut ausgetragen werden, daß man es im ganzen Haus hört. Es sei auch des öfteren Klirren wie von mutwillig zerschlagenem Geschirr vernommen worden. Mehrmals wurde beobachtet, wie Frau B., das Kind an der Hand und mit dem Notdürftigstem beladen, weinend die Wohnung verließ. Sie ist aber jedesmal nach wenigen Tagen zurückgekehrt.

Der Vorsitzende der Hausgemeinschaft teilte mir mit, daß die Miete pünktlich von Frau B. bezahlt wird. Frau B. arbeitet aktiv in der Hausgemeinschaftsleitung mit. An Staatsfeiertagen und aus anderen gegebenen Anlässen wird von der Familie B. geflaggt. Eine Ausnahme bildet jene Zeit des Jahres neunzehnhundertfünfundsechzig, als Frau B. aus gesundheitlichen Gründen im Krankenhaus weilte, da wurde, obwohl Anlaß war, nicht geflaggt. Gezeichnet Winfried Sommer, Mitarbeiter des Jugendamtes Wilhelmsburg. Wilhelmsburg, den dreiundzwanzigsten August neunzehnhundertsiebenundsechzig.

Fräulein Konz, sagte der Scheidungsrichter, Fräulein Almuth Konz.

Ja, sagte das Schulmädchen und erhob sich.

Wie alt sind Sie? fragte der Scheidungsrichter.

Fünfzehn, sagte Almuth.

In welche Klasse gehen Sie?

In die neunte.

Gehen Sie auf die Erweiterte Oberschule?

Ja, sagte Almuth.

Dann sind Sie ja ein tüchtiges Mädchen, sagte lächelnd der Scheidungsrichter, warf dabei, als wollte er auf ihrem Gesicht ein Lob seiner Verhörtechnik ablesen, einen Blick auf Wanda, die aufmerksam der Verhandlung folgte. Im selben Augenblick schaute auch Wanda ihn an, wie Blach bemerkte, und zwar mit einem langen und flehentlichen Blick, so daß der Richter sich nicht gleich von der in Qual und Verzweiflung dasitzenden Frau abwenden konnte. Als er sich wieder über seine Akten beugte, dachte Blach: die versteht's, und er ahnte, wie die Verhandlung ausgehen würde.

Sie sind, Fräulein Konz, sagte ernst der Scheidungsrichter und blätterte hilflos in seinen Papieren, die Freundin von Therese Blach, nicht wahr?

Freundin vielleicht nicht, sagte Almuth, Therese hat keine Freundin, ich sitze in der Schule neben ihr, deswegen sind wir näher bekannt.

Sind Sie auch mit Herrn Blach näher bekannt? fragte der Scheidungsrichter.

Das nicht, sagte Almuth, aber wenn ich Therese besuchte, hab' ich ihn gesehen und gesprochen.

Worüber haben Sie mit Herrn Blach gesprochen? fragte der Scheidungsrichter, er hatte seine Sicherheit wiedergewonnen, seine Stimme verriet wachsende Entschlossenheit, Blach hatte keinen Zweifel mehr, zu wessen Gunsten und zu welchen Ungunsten sich die Vorgänge entwickelten.

Also über meine Puppen nicht, sagte Almuth und lachte, Herr Blach, fuhr sie ernst fort, behandelte mich nie wie ein Kind, sondern immer, als wäre ich schon viel älter.

Woraus schließen Sie das? fragte der Scheidungsrichter.

Das schließe ich daraus, daß er sich mit mir über Probleme unterhielt, sagte Almuth.

Welche Probleme zum Beispiel? fragte der Scheidungsrichter.

Schule zum Beispiel, sagte Almuth, die er wie ich beschissen findet.

Was findet Herr Blach an unserer Schule nicht in Ordnung? fragte der Scheidungsrichter.

Na, ewig diese Fahnenappelle, alle diese Schwüre und Gelöbnisse, sagte Almuth, jeden Morgen, das ist ja fast wie in Amerika, wo sie auch dauernd auf irgendwas schwören müssen, auf die Bibel oder so, wie Herr Blach das mal erzählte, und dann dieses Militärische in allem, wie bei den Preußen oder wie bei den Russen, und daß es auf alles fertige Antworten gibt.

Dafür ist es eine Schule, sagte der Scheidungsrichter mürrisch, aber fahren Sie fort, über welche Probleme hat Herr Blach noch mit Ihnen gesprochen?

Ich weiß, sagte Almuth, worauf Sie hinzielen, ja, er hat mit mir über Sexualität gesprochen.

Inwiefern? fragte der Scheidungsrichter.

Na, über das, was so vorkommt, sagte Almuth.

Wandas Anwalt mischte sich ein. Er stand auf und sagte:

Hat er Ihnen nicht einmal von seinem ersten Geschlechtsverkehr als junger Mann erzählt?

Ja, sagte Almuth und lachte, natürlich, na, das war vielleicht komisch.

Siebzehntes Kapitel

Ist es nicht vorgekommen, Fräulein Konz, sagte Wandas Anwalt, daß sich Ihnen Herr Blach in entkleidetem Zustand gezeigt hat, wenn Sie Therese besuchten?

Wie meinen Sie das? fragte Almuth.

Daß Sie ihn nackt gesehen haben, sagte der Scheidungsrichter.

Das ist vorgekommen, sagte Almuth, aber es hatte nichts zu bedeuten, wenn Sie das meinen, es war nur einmal, als er zufällig nackt aus dem Badezimmer kam, ich hatte kein Interesse, ihn mir genauer anzusehen, da ich nackte Männer vom Nacktstrand her kenne.

Hatten Sie den Eindruck, rief Wandas Anwalt, daß es ihm peinlich war, als Sie ihn so sahen?

Aber nein, sagte Almuth und lachte, peinlich war es ihm bestimmt nicht, es war ja auch mir nicht peinlich.

Blach mußte es erleben, wie nach einem Vierteljahrhundert Eheleben, zehn Jahre mit Vera, vierzehn Jahre mit Wanda, Ziehleute ins Haus kamen, die nach einer vom Gericht beglaubigten Liste Gegenstände hinaustrugen und wegfuhren. Die Wohnung wurde für ihn allein zu groß, und er nahm sich eine kleinere. Wanda war mit Therese in einen anderen Stadtteil von Wilhelmsburg gezogen, wo sie sich so rasch wieder verheiratete, daß Blach den Wechsel ihres Namens lange nicht begriff. Während er in der Gegend, wohin sie gezogen war, nach einer Frau Blach mit halbwüchsiger Tochter fahndete, lebte sie dort längst als jungverheiratete Frau Banzer.

Blach versuchte, Wandas neue Wohnung zu finden, wenn möglich die Verhältnisse auszukundschaften, um im geeigneten Augenblick Kontakt zu Therese aufzunehmen. Am Ende, sagte er sich, werde die heranwachsende Therese so viel Gerechtigkeitssinn aufbringen und, gegen den Einfluß der Mutter, in ihm den liebenden Vater erkennen. Auf diesen Augenblick wollte er hinarbeiten, darein alles setzen. Therese sollte auf diese Weise die Erkenntnis der Welt und ihrer Wahrheit erleichtert werden.

Das Gericht hatte Blach die Fähigkeit abgesprochen, ein heranwachsendes Kind im Guten zu beeinflussen. Aber er war entschlossen, Therese zu zeigen, wer er wirklich war. Ein lauterer Charakter, nicht ohne Schwächen, aber patent und liebenswürdig. Sie, irregeleitet von der Mutter und außerstande, die Wahrheit zu begreifen, würde ihm um den Hals fallen und ihn bitten, er möge ihr vergeben. Solcherart waren Blachs Tagträume zu der Zeit, als er sich auf der Suche befand nach Wandas Unterschlupf. Neugebauer, inzwischen Bereichsleiter, hatte sich mit Blach nach dessen Scheidung von Wanda angefreundet. Er war es, der Blach einen Tip gab. Blach wollte es zuerst nicht glauben.

Banzer hatte sich von seiner Frau Irmgard scheiden lassen, weil sie gesellschaftlich nicht mit ihm Schritt halten konnte. Schritt halten in dem Sinne, daß sie daran gemessen wurde, wie sie sich in den figurenreichen Ensembles festlicher Trinkgelage und Mahlzeiten, auf Banketten und Empfängen zu bewegen verstand. Um es frei heraus zu sagen, sie war nicht wendig genug, war pummelig und grauhaarig geworden. Auch Banzer war grau, aber mit dem Ausdruck des kernigen, gescheitelten, gelassenen älteren Herrn. Ein Schnurrbart von britischem Zuschnitt unterstrich seine Rolle in der Stadt.

Irmgard hingegen hatte, wie Banzer zu sagen pflegte, den Anschluß verpaßt. Sie rannte an Lohntagen immer noch fleißig, eigensinnig und sozietätsbewußt als Bundeskassiererin von Haus zu Haus, ohne darauf zu achten, ob ihre Stimme den Wohlklang behielt oder ihr Haar den Glanz. Wenn einer Anstalten machte, das reichhaltige Angebot von Sondermarken zu übersehen, das sie zu den verschiedensten wohltätigen Zwecken mitführte, redete sie so lange auf ihn ein, bis er die Nichtswürdigkeit seines Denkens und Trachtens einsah und zahlte. Unausbleiblich, daß dabei ihre Stimme manchmal zeternd klang, daß ihre Bewegungen manchmal ohne Schwung ausfielen und ihr Haar manchmal in Strähnen hing. Auch Banzer hatte früher untergeordnete kommunale Aufgaben übernommen.

Doch war er nie mit dieser aufdringlichen Verbohrtheit aufgetreten, sondern verständnisvoll. Wurde auch gern mit dem Mann und der Frau vertraulich, wenn sie ungern den ihnen abgeforderten Beitrag zahlten. Deutete darauf hin, daß auch er gerne diese oder jene Mark einsparen würde, aber leider halte man ein allzu scharfes Auge auf ihn und alle, die nicht zahlen wollten. Banzer war in diesen Jahren ein anpassungsfähiger Mensch mit ausbaufähigen Manieren geworden, den man bei Besuchen hochgestellter oder ausländischer Persönlichkeiten einladen konnte und der auch immer einen brauchbaren Trinkspruch, eine anheimelnde Beschreibung seiner Gedankenwelt aufzusagen wußte.

Im Hinüber und Herüber vom Gesprächsgrüppchen mit dem Sekretär im Mittelpunkt zum Plaudertrüppchen mit dem Vorsitzenden im Zentrum stand er nicht blöde abseits, sondern wußte hier wie dort ein passendes Wort einzuflechten. Anders Blach, den Wanda erst in die Seite boxen mußte, ehe er sich aufraffte und sich an Gesprächen beteiligte, dabei aber mit einem solchen Erfolg, daß die Gruppe, zu der er trat, vor Empörung über seine instinktlosen Reden gleich auseinanderflog.

An Ihrem Vortrag, Herr Sekretär, sagte Blach, habe ich Fakten vermißt. Was Sie sagten, das war wohl mehr Lyrik als Logik. Vielleicht hat man Sie vorher nicht informiert, daß wir nicht Klippschüler, sondern Waffenspezialisten sind, die Umgang mit Spezialisten auf allen Kontinenten haben und von Leitenden & Führenden Informationen benötigen, aber keine Gebete.

Bist du verrückt, schrie ihn Wanda auf dem Heimweg an, nachdem der Sekretär vorzeitig aufgebrochen war und Bereichsleiter, Betriebsleiter und persönliche Referenten Blach vergebens ermahnt, vergebens von ihm gefordert hatten, unverzüglich dem Scheidenden hinterherzurennen, um sich bei ihm zu entschuldigen. Wie willst du denn hochkommen, schrie Wanda, wenn du dich derart instinktlos und provokant aufführst. Was glaubst du wohl, wer du bist? Mensch, nimm dich und deine verqueren Ansichten bloß nicht so wichtig. Wer will denn hören, was du zu schwätzen hast.

Auf Blachs Antwort, daß sie ihn erst dazu ermuntert habe, sich an dem Gespräch mit dem Sekretär zu beteiligen, schrie sie ihn an:

Du führst dich nicht auf wie ein Mann, sondern wie ein Kind. Niemand ringsum hat deine Fähigkeiten, dein Wissen, deine Talente. Und was machst du damit? Banzer, das ist einer, der weiß, wo's lang geht. Du sprichst fremde Sprachen, der keine einzige, aber wer wird zu Verhandlungen hinzugezogen? Er. Und nicht du. Sogar der Schlappschwanz Neugebauer, mein ehemaliger Gatte, den ich deinetwegen verlassen habe, hat dich überrundet und ist nun dein Chef. Mein Gott, was bist du für eine Niete.

Mit Verwunderung hatte Blach Banzers Aufstieg beobachtet. Wie sich seine Bewegungen rundeten, wie er modebewußt wurde, wie er außerhalb des ehelichen Lebens, auch außerhalb der Arbeit, einen unheimlich wirkenden Gesellschafts- und Geselligkeitsdrang zeigte. Wenn es darauf ankam, klatschte er entschlossen vor Tatkraft mit der Faust gegen die rechte Handfläche, genug gekleckert, jetzt wird geklotzt.

Oder legte Handflächen gegeneinander. Oder breitete die Arme aus, als wollte er die Welt umarmen, und rief:

Meine sehr verehrten Damen und Herren, liebe, liebe Freunde.

Entweder forderte er dann die hochgestellten oder ausländischen Gäste samt den ehrenvoll geladenen verdienstvollen oder verdienstverdächtigen Bürgerinnen und Bürgern von Wilhelmsburg auf, sich des kalten Büfetts zu bedienen, das Glas zum Trinkspruch zu erheben, oder er bat um Aufmerksamkeit für die in den Glasvitrinen ausgestellten Erzeugnissen der Jagdwaffenindustrie. Nicht nur Irmgard, die, vom gesellschaftlichen Aufstieg ihres Mannes unbetroffen, weiterhin Beiträge kassierte und ihrer schweren Arbeit als Graveurin nachging, war über die Entwicklung ihres Gatten verwundert, auch manch anderer in Wilhelmsburg war erstaunt über das, was sich da entwikkelte. Das Wort Entwicklung gehörte zu Banzers Lieblingsvokabeln.

Wo bleibt deine Entwicklung? schrie er manchmal

seine Frau an, wenn sie nicht von der Bundeskassiererei ablassen wollte, schau mich an, rief er, ich habe mich entwickelt, so wie sich jeder bei uns entwickeln kann.

Wenn Banzer von Entwicklung sprach, meinte er den Aufstieg vom Niederen zum Höheren. Er ließ nie einen Zweifel daran, daß er einer derjenigen war, die es aus eigener Kraft geschafft hatten, sich aus dem Schlamm zu erheben, in dem sich, Banzers unumstößlicher Meinung nach, alle anderen, die nicht zu Empfängen und Banketten geladen wurden, immer noch befanden.

Auf dem abschließenden Bankett der letzten Wilhelmsburger Messe hatte Banzer das Glas erhoben und zur Freude aller eine seiner berühmten derbdrolligen Reden nach Arbeiterart gehalten. Neugebauer, der zu der Veranstaltung geladen war, erzählte Blach abends von Banzers Trinkspruch. Unterließ es auch nicht, die Angelegenheit herunterzuspielen, wobei Blach ihm halbherzig zustimmte. Blach beschäftigte der Inhalt des Trinkspruches noch lange.

Da er Neugebauers Urteilsvermögen nicht traute, weil der Banzer nicht leiden konnte, fragte er noch andere, die geladen waren, Rosi Jung und Bernhard Frisch.

Nach den Aussagen der drei rekonstruierte er auf einem Blatt Papier Banzers Trinkspruch. Was da schließlich Schwarz auf Weiß vor ihm lag, war die fast wörtliche Wiedergabe von Banzers kleiner Rede. Ein berühmter Mann, so mußte Banzer gesagt haben, habe einmal von einer Köchin gesprochen, die, mit dem entsprechenden Wissen ausgestattet und einem entwickelten Bewußtsein, in den Stand gesetzt wurde, die Regierungsgeschäfte im Lande zu übernehmen. Ich bin zwar keine Köchin, soll Banzer gesagt haben, sondern nur ein einfacher Weißkittel, Klammer auf, Lachen, Beifall, Klammer zu, doch glaube ich nicht, daß dieser berühmte Mann, Klammer auf, Lachen, Beifall, Klammer zu, nur die Köchinnen im Lande gemeint hat, die dazu berufen seien, das schwere Amt des Regierens zu übernehmen, Klammer auf, starkes zustimmendes Lachen, starker Beifall, Klammer zu.

Zu der Zeit, da dieser gedankenschwere Satz ausgesprochen wurde, soll Banzer gesagt haben, gab es uns noch nicht. Vielleicht hätte der berühmte Mann, lebte er heute, sein Beispiel nicht aus der Sphäre der körperlich Tätigen des gastronomischen Gewerbes, sondern sinnigerweise aus der Sphäre der mehr geistig Tätigen an den elektronischen Automaten herangezogen, die es heute überall in Stadt und Land gibt, Klammer auf, sehr starker, zustimmender, ernster Beifall, Klammer zu. Deswegen erlauben Sie mir, meine sehr verehrten Damen und Herren und auch ihr, liebe Kolleginnen und Kollegen, daß ich das Glas erhebe auf die vielen Tätigen, die bei uns in Wilhelmsburg bereits mitplanen, mitarbeiten und selbstverständlich mitregieren, Klammer auf, nichtendenwollender Beifall, Klammer zu.

Blach beschäftigte an der Sache die Leichtfertigkeit, mit der sie einem Mann wie Banzer Glauben schenkten, weil er es verstand, ihnen mit Erbauungsgeschichten das Leben zu versüßen. Das also war der Sinn der Zusammenrottungen in Bankettsälen. Sich gegenseitig zu beteuern, daß sie die Dinge in der Hand hatten. Für Neugebauer war es eine mittelalterliche Beschwörungszeremonie mit dem Ziel, die unbegreifliche und dazu störrische Wirklichkeit mit Zaubersprüchen zu bewältigen.

Blach hatte seit langem geahnt, daß Wanda sich nach einem höheren gesellschaftlichen Stand sehnte und zielstrebig darauf hinarbeitete. Allmählich wurde ihm klar, warum sie Neugebauer so rasch aufgegeben hatte, um sich ihm, Blach, anzuschmiegen. Neugebauer war in ihren Augen ein Jüngelchen, gemessen an Blach mit seiner Vergangenheit, seinem Wissen, seinem Können und seiner Erfahrung. Wie bitter muß es ihr gewesen sein zu beobachten, daß Neugebauer in kurzer Zeit Blachs Vorgesetzter wurde.

Zu sehen, wie der Mann, in den sie alle Hoffnungen gesetzt hatte, immer wieder zögerte und zögerte, seine Begabung zu entfalten und gesellschaftlich zu nutzen. Wanda liebte es, das Wort gesellschaftlich und Gesellschaft auszusprechen, als stecke eine neue Religion dahinter, mit prunkvollen Kirchen, die es aufzusuchen galt, mit mächtigen Kirchenfürsten, denen sich anzupassen Glaubenssache war. Als sei es für jeden Menschen von Verstand unabweisbar, die Zeremonien zu befolgen, die diese neue Religion vorschrieb. Auch die Frage, warum Wanda vierzehn Jahre gebraucht hatte, um sich endgültig von ihm zu trennen, wurde Blach nach und nach klar. Vierzehn Jahre lang hatte sie die bei ihm vermuteten Talente zu hegen und zu pflegen, großzumachen und groß herauszustellen versucht.

Als sie sich schließlich von ihm trennte, stand sie vor der Erkenntnis, daß er keine Talente aufzuweisen hatte. Wenn er dennoch hin und wieder einen Orden, ein Lob oder ein Ehrenzeichen nach Hause brachte, so war das der Dressurerfolg eines Meisters mit seinem störrischen Lehrling. Es entsprach Wandas Temperament, nicht zu verzagen, sondern entschlossen neu zu beginnen. Sie war siebenunddreißig und von großer Schönheit, die sich von Jahr zu Jahr üppiger entfaltete.

Als Neugebauer Blach den Tip gab, er solle aufhören, nach Wanda Blach zu suchen, statt dessen lieber nach Wanda Banzer, schrak Blach zusammen, und zum erstenmal regte sich in ihm so etwas wie Eifersucht.

Banzer? rief er, das ist nicht wahr.

Doch, sagte Neugebauer, sie ist seit drei Wochen mit Banzer verheiratet, aber das dürfte für dich keine Neuigkeit sein, da sie mehr als zwei Jahre.

Was? rief Blach ungeduldig und ungehalten und im Begriff, im Falle einer Verleumdung unverzüglich Genugtuung zu fordern, was hat Wanda seit mehr als zwei Jahren?

Mann, tu' nicht so, sagte Neugebauer, alle Welt hat es bewundert.

Was bewundert? fragte Blach.

In dir endlich einen Ehemann zu sehen, sagte Neugebauer, der gelassen zuschaut und dazu noch sarkastische Bemerkungen macht, aber nicht heult und kreischt wie alle, denen das geschieht.

Was für sarkastische Bemerkungen? fragte Blach.

Das war gekonnt, rief Neugebauer, wie du damals Banzer die Antwort gabst.

Welche Antwort? fragte Blach.

Du hattest mit einer bissigen Bemerkung den Sekretär verjagt, sagte Neugebauer, als alle dich umringten, dich anschrieen und forderten, dich bei ihm zu entschuldigen. Am schärfsten trieb es natürlich Banzer.

Wenn du nicht unverzüglich gehst und dich entschuldigst, hatte Banzer geschrien, rot angelaufen im Gesicht, dann kündige ich dir meine Freundschaft.

Und du darauf, ironisch:

Das wär' aber schade, dann besuchst du uns wohl auch nicht mehr.

Blach fühlte sich gepeinigt von dem, was Neugebauer sagte, war aber so arglos, daß er fragte, worin das Geistreiche seiner Antwort bestehe.

Was daran so witzig war? rief Neugebauer, na, hör mal, der Liebhaber deiner Frau droht dir das Ende eurer Freundschaft an, womit er es sich doch im Verhältnis zu deiner Frau schwieriger macht. Und du, nicht etwa erleichtert, sondern bedauernd, daß er dann wohl in Zukunft während deiner ausgedehnten Dienstreisen Wanda nicht mehr so bequem wird besuchen können.

Es war Blach zuwider, diese Aufklärung zu erhalten, sagte es Neugebauer, doch der ließ sich in seiner Begeisterung nicht bremsen.

Tage danach ging es in der Stadt um, rief Neugebauer, hast du gehört, was Blach dem Banzer geantwortet hat?

Dann gelte ich in der Stadt seitdem als ein geistreicher Mensch, sagte Blach kleinlaut.

Und ob, schrie Neugebauer, und ob, und ob.

Obwohl Blach wußte, daß Neugebauer mit seiner Enthüllung zwei Hiebe ausgeteilt hatte, einen an ihn, Blach, der ihm die Frau weggenommen hatte, und einen an Banzer, der nun mit Wanda verheiratet war, glaubte er ihm aufs Wort.

Aber, sagte Blach, in Neugebauers Haut zu stecken, ist gewiß nicht erstrebenswert.

Dafür in deiner Haut, was? sagte Samuel.

Achtzehntes Kapitel

Man wird später einmal fragen, welche tieferen Gründe zu Blachs seelischem, geistigem und physischem Verfall führten. In zehn, vielleicht zwanzig Jahren, wenn die Leiden der Gegenwart nicht mehr so schmerzen, wird aufgedeckt, was mit Knauer geschah, wie er umkam und wo, wer ihn verurteilte und wer ihn ins Gefängnis brachte.

In zehn, vielleicht zwanzig Jahren werden die Archive geöffnet, und mit all den Geheimnissen der Gegenwart, die dort verborgen sind, wird auch Knauers Akte ans Tageslicht kommen, jenes Mannes, der Blachs Leben so nachdrücklich beeinflußt hat. Ohne zu wissen, was mit Knauer geschah, wird keiner Blach richtig begreifen können. Vieles blieb Blach verborgen, das Schicksal von Knauer, die Briefe, die Therese in dem Jahr schrieb, als ihre Eltern sich scheiden ließen. Zu seinen Kindern aus der Ehe mit Vera hatte Blach keine Beziehung.

Wie es dazu kam, dafür gibt es keine einleuchtende Erklärung. Robert und Sylvia sind ihm bis zuletzt fremd geblieben. Erwähnenswerte Erlebnisse und Begebnisse zwischen dem Vater und den Kindern aus erster Ehe sind nicht bekannt. Therese, die Tochter aus zweiter Ehe, liebte er in einer Art und Weise, die jedem, der Blach näher kannte, peinlich war. Therese fühlte sich ernstgenommen und hatte blindes Vertrauen zu ihm.

Mit Fragen und Problemen, die junge Mädchen normalerweise mit der Mutter besprechen, ging sie zu Blach. Die Vertraulichkeit, mit der sie sich zum Gespräch zurückzogen und die Mutter ausschlossen, versetzte Freunde in Sorge, und die Art und Weise, in der sich die Beziehung Thereses zu ihrem Vater entwikkelte, zeigt, daß die Sorge berechtigt war. Thereses Briefe damals aber kannte nicht einmal Blach, auch nicht ihre Schulbankfreundin Almuth Konz. Nur Karlo Voigt; Karlo, ein Junge von unnahbarem Stolz, der Therese, weil er der Schlechteste in der Klasse war, so sehr beeindruckt hatte, daß sie immer mehr auf ihn hörte. Der Sommer des Jahres, in dem ihre Eltern sich scheiden ließen, war für Therese die schwerste Zeit ihrer Kindheit.

Unerwartet hatte sie einen Freund gefunden, der so traurig war, daß er ihr leid tat. Sie bewunderte Karlo, weil er fest und entschlossen auftrat. Er suchte keine Freundschaften, lachte nicht, es klang immer klug, wenn er etwas sagte, aber viel sagte er nicht. Sie hatte lange gehofft, daß er sie ansprechen würde, vergebens. Er war hochmütig, so schien es ihr, und hochmütig ging er an ihr vorbei, und wenn sie sich auf der Treppe im Hause des Musiklehrers trafen, kaum daß er ihr zunickte.

Karlo Voigt galt als schwieriger Junge. Er machte sich nichts daraus, in der Klasse der Schlechteste zu sein. Er arbeite nur, wenn es ihm Spaß mache, hieß es. Nur Klavierspielen macht Spaß, soll er der Lehrerin gesagt haben, die ihn ermahnte. Therese bemühte sich lange um seine Freundschaft, vergebens. Bis sie auf ihn zuging und ihn ansprach. Hochmütig war er nicht. Darin hatte sie sich getäuscht. Auch er war allein und suchte.

Nicht einmal mit ihrer Schulbankfreundin Almuth Konz hätte Therese offen über das sprechen können, was sie so sehr beschäftigte. Manchmal ging sie wie im Traum durch die Straßen. Die stichelnden und geschminkten dummen Gänse, wie Blach sagte, riefen ihr die ist verrückt nach. Denn sie sprach oft leise vor sich hin. Blieb auch manchmal stehen, kramte Stift und Papier aus der Tasche, um rasch etwas aufzuschreiben. Therese dichtet, hieß es.

In jenem Sommer kümmerte sie sich um niemand mehr. Sie vernachlässigte sogar Karlo, der an ihrer Seite war, wenn es sich einrichten ließ. Plötzlich lief sie ihm davon, er wußte nicht, was er davon halten sollte, sie rannte die Treppe hoch zur Wohnung und war so aufgeregt, als sie die Tür aufschließen wollte, daß alles viel länger dauerte, das Aufschließen, das Zumachen der Tür, das Ablegen der Sachen. Bis sie saß. Dann kam Ruhe über sie. Sie nahm die rosa Briefbogen aus dem Schrank, die Blach ihr letztes Jahr zu Weihnachten geschenkt hatte und auf denen oben in schön geschwungener Schrift ihr Name gedruckt war: Therese Blach. Holte Tinte und Federhalter hervor, mit Filzstift oder Kugelschreiber genierte sie sich zu schreiben, der Füller kleckste.

Sehr geehrter Herr Dayan, schrieb sie, ich bitte Sie herzlich, nicht mehr die Augenklappe zu tragen, denn sie flößt mir immer Angst ein. Ich weiß auch nicht, was Sie da tun können, aber es gibt so viele Menschen auf der Welt, die ein Auge verloren haben und die trotzdem keine Klappe tragen. Wenn ich Sie mit der Augenklappe sehe, dann denke ich immer, daß Sie nur ewig darauf sinnen und danach trachten, sich an denjenigen zu rächen, die Ihnen das angetan haben. Aber ich glaube, man kann sich nicht für alles, das einem geschehen ist, rächen wollen. Ich bin traurig darüber, daß Sie mit Ihrer Augenklappe so böse aussehen, so daß einer, der vielleicht mit Ihnen in Frieden sprechen möchte, sich das gar nicht traut. Außerdem.

Sie nahm ein neues Blatt und legte es vor sich hin und schrieb, nachdem sie einige Zeit überlegt hatte:

Lieber Herr Koslowski, Sie haben gestern der alleinstehenden Rentnerin Mary Steiner, wohnhaft Schönlinder Straße siebzehn, die Kohlen auf der Straße vor deren Haus abgekippt, obwohl Sie von besagter Rentnerin weinend gebeten wurden, ihr die Kohlen in den Keller zu tragen. Ich finde Ihr Verhalten herzlos, und ich will Ihnen sagen, daß ich Sie immer gut leiden konnte, aber jetzt nicht mehr. Ich war von unseren Nachbarn der einzige, der ihr half, und Frau Steiner wurde am selben Abend ins Krankenhaus eingeliefert. Die eine Mark zwanzig, die Sie mir letzten Herbst schenkten, als der Rummel an der Ecke war, gebe ich Ihnen hiermit zurück und lege das Geld in diesen Brief. Wundern Sie sich auch nicht, wenn.

Sehr geehrter Herr Direktor, schrieb sie dann auf einen neuen Briefbogen, Sie haben angeordnet, daß sich kein Kind in den Pausen im Schulgebäude aufhalten darf. Ich halte das für eine Ungerechtigkeit, die gar nicht unsere Interessen als Kinder berücksichtigt. Für wen ist die Schule eigentlich da, für Sie oder für uns? Was ist denn, wenn ein Kind in der Pause allein sein möchte und sich ausruhen, wie es kürzlich Ihrem Schüler und meinem Klassenkameraden Karlo Voigt geschah. Da haben Sie persönlich ihn auf den Hof geschickt, obwohl er alleine sein wollte und.

Liebe UNO, schrieb sie, warum werden in den einen Ländern immer so viele Lebensmittel ins Meer geschüttet oder verbrannt, wenn in anderen Ländern so viele Menschen verhungern müssen? Unternehmen Sie doch endlich was dagegen und bestrafen Sie die Leute, die das tun. Wie kann man Lebensmittel vernichten, obwohl es so viel Müh und Arbeit kostet, sie anzubauen oder herzustellen. Wozu sind Sie denn da, wenn Sie nicht bald was dagegen.

Verehrter Herr Vorsitzender, schrieb sie, als sich

gestern meine Tante aus Kassel von uns verabschiedete, um wieder nach Hause zu fahren, habe ich zu ihr gesagt, daß ich sie im kommenden Sommer in den Ferien besuchen werde, worauf alle lachten, was mich sehr gekränkt hat. Vor allem meine Mutter hat sehr gelacht und hat zu mir gesagt, du Dummerchen. Ich kann jetzt meine Mutter nicht mehr leiden, denn nachdem sie zuerst gelacht hat, droht sie mir jetzt Strafe an, wenn ich noch einmal davon anfangen sollte. Ich habe schon mehrmals versucht, an Sie deswegen zu schreiben, aber jedesmal hat mir meine Mutter den Brief weggenommen und ihn verbrannt. Diesen Brief werde ich heimlich an Sie abschicken. Ich versteh das alles nicht. Warum lachen die mich aus? Warum darf ich an Sie keinen Brief schreiben? Und warum sagt meine Mutter: Willst du uns ins Unglück stürzen? Was ich.

Sehr geehrter Herr Präsident, schrieb sie, wozu brauchen Sie die neue Bombe, wo Sie schon so viele haben? Wir Kinder wollen in Frieden leben, und wir wollen nicht, daß in anderen Ländern Kinder verhungern. Nehmen Sie doch das Geld für die neue Bombe und schenken Sie es den Menschen, die in großer Not leben. Ich kann es nicht begreifen, wie es kommt, daß es mir gut geht, daß ich zu essen und zu trinken habe und daß ich in einer schönen Wohnung lebe, auch wenn sich meine Eltern jetzt scheiden lassen. Dann aber sehe ich in der Zeitung und im Fernsehen, wie Menschen verhungern, verdursten oder erfrieren. Es tut mir leid um das schöne Geld, mit dem Sie so viel Not abschaffen könnten. Entschuldigen Sie bitte, aber in der Aufregung habe ich vergessen, Ihnen zu gratulieren, daß Sie.

In jenem Sommer schrieb sie Briefe wie im Fieber. Sie machte sich Sorgen um die Welt und um das Leben, aber es antwortete ihr niemand, und sie fand keinen, dem sie ihre Sorgen hätte mitteilen können. Ende des Sommers ließen sich Blach und Wanda scheiden. Thereses Zustand verschlimmerte sich. Hinzu kam, daß die Mutter mit ihr aus der Gegend wegzog, in der sie so lange gelebt hatten, daß sie den Vater allein zurückließen.

Sehr geehrter Herr Richter, schrieb sie, Sie haben bestimmt, daß ich bei meiner Mutter leben muß, was ich aber nicht will. Ich bitte Sie herzlich, daß ich bei meinem Vater wohnen darf. Ich will Ihnen auch sagen, warum. Mein Vater lacht mich nicht aus, und er hat mir auch nicht gedroht, mich zu bestrafen. Ich weiß nicht, warum Kinder immer bestraft werden müssen. Ich will nicht bestraft werden, eher will ich.

Sie schrieb in jenem Sommer, schrieb und schrieb. Sie las die Zeitung, setzte sich hin und schrieb.

Sehr geehrter Herr Sekretär, in der Zeitung stand, daß Sie krank geworden sind, was mir sehr leid tut, und ich wünsche Ihnen baldige Besserung und für Ihre Familie viel Glück. Sie können sich gar nicht vorstellen, wie sehr ich es bedaure, daß Sie so schwer krank sind. Wahrscheinlich haben Sie sich in Ihrem hohen

Alter überarbeitet, und ich glaube, das beste wäre, wenn Sie Ihren Beruf aufgeben und sich zur Ruhe setzen, die Sie sich, wie alle alten Leute, in Ihrem schweren Leben redlich verdient haben. Denken Sie vor allem an Ihre Gesundheit. Das Leben, habe ich gelesen, ist ein kostbarer Schatz, es wird einem nicht zweimal.

Als Karlo sie einmal besuchen kam, war Therese aufgeregt. Sie holte einen Karton hervor, in dem sie die ins Unreine geschriebenen Briefe aufbewahrte.

Schau, sagte Therese, das sind keine Gedichte. Karlo las die Briefe, einen nach dem anderen, auch den:

Sehr geehrter Herr Salinger, ist es wirklich wahr, daß es Menschen gibt, die kleine Kinder, die arglos in einem Roggenfeld spielen, davor bewahren möchten, daß sie in den Abgrund stürzen? Und wenn es solche Menschen gibt, warum findet man sie so schwer. Ich habe noch keinen kennengelernt, der so wäre wie der, von dem Sie erzählen, der abstürzende Kinder auffängt. Ich glaube, Sie haben ihn sich ausgedacht, weil Sie selbst einen solchen Jungen nicht kennen, aber wünschen, daß.

Werter Herr Kanzler, ich bitte Sie herzlich, lassen Sie Menschen, die es wollen, arbeiten. Vor allem die Jugendlichen, die keine Lehrstelle kriegen, tun mir leid. Was sollen die denn anfangen, wenn sie keinen Beruf lernen können? Ich selbst habe die Absicht, Musiklehrerin zu werden, und ich wäre sehr enttäuscht, wenn ich das nicht könnte. Deshalb kann ich es den Jugendlichen nachempfinden, daß sie böse sind, wenn sie keine Lehrstelle kriegen. Können Sie nicht diejenigen zur Verantwortung ziehen, die Jugendliche hindern?

Während Karlo die Briefe las, beobachtete Therese ihn aufmerksam und aufgeregt, und sie merkte, wie sehr sie ihn ärgerten. Therese war enttäuscht darüber. Sie hatte vor Karlo ihr Innerstes ausgebreitet.

Was ist? fragte sie.

Das ist doch Scheiße, sagte Karlo, damit erreichst du nichts.

Doch, rief Therese eifrig, denn den besten Brief habe ich dir noch nicht gezeigt, und sie reichte Karlo ein Blatt, und Karlo las:

Liebe Therese, wenn Du mich nicht mehr leiden kannst, dann hast Du recht, ich kann mich selbst nicht leiden deswegen. Aber was kann ich machen? Ich muß am Tag zwanzig Tonnen Kohle ausfahren, und wenn ich das nicht schaffe, kriege ich weniger Lohn. Es tut mir leid, daß Du mich nicht mehr grüßt. Kohlenträger zu sein, ist ein so schwerer Beruf, daß es schon was ausmacht, von Mädchen wie Dir gegrüßt zu werden. Verzeih mir und laß Dich herzlich grüßen von Herrn Koslowski.

Ist das der einzige Antwortbrief? fragte Karlo.

Es ist der Antwortbrief, sagte Therese.

Ein Antwortbrief auf hundert, sagte Karlo höhnisch.

Mehr Antworten zu kriegen, sagte Therese, war einfach nicht drin.

Neunzehntes Kapitel

Diese Briefe, Blach rechtzeitig zur Kenntnis gebracht, hätten ihm die Augen geöffnet für Thereses zarten und verletzlichen Charakter. Daß sie sich, enttäuscht von ihm, bald danach schroff und unversöhnlich abwandte, beschleunigte seinen Verfall. Über Blach hat es zeit seines Lebens die widersprüchlichsten Meinungen gegeben. Banzer beispielsweise soll einmal gesagt haben:

Blach war ein Stümper. Um wirklich in einem Fach Erfolg zu haben, dazu war er zu lahm. Zuerst war er Flugzeugnarr, aber für einen Kampfflieger war er zu feig. Dann päppelten wir ihn hoch zu einem Mann, der einmal Bedeutendes in der Wirtschaft hätte leisten können, doch er hatte unsinnigerweise Skrupel, einen faulen und unfähigen Leiter zu entthronen und dessen Stelle einzunehmen, obwohl wir wußten, daß Blach der richtige Mann für einen solchen Posten gewesen wäre.

Dann geriet er durch Knauers Verhaftung in Konflikt mit uns, den er aber nicht offen austrug, denn weder brachte er es fertig, Wilhelmsburg im Zorn für immer zu verlassen, noch stand er mannhaft für seine Überzeugung ein, wobei er allerdings, und das soll nicht verschwiegen werden, Gefängnis riskiert hätte. Vor dem Scheidungsrichter brachte er es nicht einmal fertig, um Therese zu kämpfen. Versuchte statt dessen, mit leicht durchschaubaren Tricks Sympathie für sich zu gewinnen. Was fehlschlug und wodurch er Thereses Vertrauen einbüßte und sie für immer verlor. Denn Therese, die ihren Vater liebte und ihm vertraute, fühlte sich von ihm verraten.

Wir alle haben Blach mißverstanden. Vera hat ihn mißverstanden, Vera, die einen Mann suchte, auf den sie sich stützen konnte, statt dessen mußte sie ihn stützen, wenn er in Schwierigkeiten geriet. Der Geschwaderkommodore hat ihn mißverstanden, der von ihm Ergebnisse erwartete und statt dessen immer nur neue Ausreden hörte von immer neuen unüberwindlichen Schwierigkeiten. Wanda hat ihn mißverstanden, die große Hoffnungen in ihn setzte, Hoffnungen, von denen er ihr nicht eine erfüllte. Nicht einmal auf dem Gebiet, auf dem ihm ein gewisser Ruf vorausging, mir sagte sie einmal, als ich sie fragte, er sei ein Schlappschwanz.

So ungefähr hatte sich Banzer über Blach geäußert, als nach dessen seelischem, physischem und geistigem Verfall die Fragen auftauchten und durchgesprochen wurden. Von Banzer eine solche Einschätzung Blachs zu hören, war ungewöhnlich, zumal sich einige noch gut daran erinnern konnten, daß Banzer Blach früher immer verteidigt hatte. Damals war der Eindruck entstanden, als wollte sich Banzer auf den Schultern von Blach zu einer gesellschaftlichen Höhe emporschwingen, die aus eigener Kraft zu erreichen er nicht imstande war. Nur so ist die Fürsorge zu erklären, mit der er sich um Blach abmühte, und nur so ist es zu verstehen, daß er sich während Blachs Verfall enttäuscht von ihm abwandte.

Daß er selbst sich von Blach verraten fühlte, hat er nie geäußert, es kann aber als gesicherte Erkenntnis angenommen werden. In jenem Sommer, der für Therese soviel nach sich zog, weil sie gezwungen wurde, sich von ihrem Vater zu trennen, um bei der ungeliebten Mutter zu leben, überschritt eine militärische Einheit aus der Wilhelmsburger Kaserne die Grenze nach Böhmen und grub sich, wie später durch Mund-zu-Ohr-Nachricht zu erfahren war, in der Nähe des Dorfes Geplice ein. Blach handelte zum erstenmal gleich. Es war, als habe er, sich umsehend, erkannt, wie die Welt beschaffen war und nun ohne zu zögern beschlossen, ihre düstere Seite nicht mehr stillschweigend zu ertragen. Banzer machte ihm später den Vorwurf, daß er sich nie offen für die Neger in Amerika eingesetzt, nie öffentlich dagegen protestiert habe, daß in Argentinien Menschen verschwänden, daß die Haltung der australischen Regierung gegenüber Aborigines inhuman sei und daß die Lösung des Konfliktes in Nordirland vielleicht darin liegen könne, daß zunächst die Engländer aus Ulster abzögen.

Darüber, sagte Jahre später Banzer, als Blachs Verfall nicht mehr aufzuhalten war, hat sich Blach immer weise ausgeschwiegen. Als die Falange das Palästinenserlager überfiel, als Frauen und Greise mit Äxten erschlagen wurden, als sie Kinder lebendig in Massengräbern einbuddelten, daß noch Tage danach die Erde sich bewegte von ihren konvulsivischen Todeszuckungen, wo war da Blachs Stimme? Wo?

Nicht aufgeregt, nicht zornig, nicht einmal erregt ging eines Tages Blach zu Samuel und sagte:

Die sind in Böhmen einmarschiert. Ich habe mich auf einer Unterschriftenliste eingetragen.

Dafür oder dagegen? fragte Samuel.

Dagegen, sagte Blach.

Was, glaubst du, sagte Samuel verächtlich, erreichst du damit?

Was hätte ich deiner Meinung nach tun sollen? fragte Blach.

Die Schnauze halten, sagte Samuel, die Schnauze halten, wie immer.

Das war nicht möglich, sagte Blach, ich bin nicht mehr der Jüngste und sorge mich um meine unsterbliche Seele.

Und nun? fragte Samuel.

Nun warte ich, sagte Blach.

Worauf? fragte Samuel.

Daß sie die Truppe zurückziehen, sagte Blach.

Aber, kluger Freund, sagte Samuel, willst du mir erzählen, daß du ernsthaft glaubst, sie ziehen die Truppe zurück, weil fünftausend Leute Unterschriften sammeln? Hinter deiner plötzlichen Entschlossenheit steckt was anderes.

Daß sie auf Grund der vielen Proteste eine öffentliche Diskussion über den Einmarsch zulassen, sagte Blach.

Lüg' mich nicht an, sagte Samuel, du weißt so gut wie ich, daß sie die Truppe nicht auf Grund von lächerlichen Protesten zurückziehen und daß sie keinen Sinn darin sehen, öffentlich darüber zu diskutieren. Du hast einen anderen Grund.

Solidarität, sagte Blach.

Hör auf mit deiner Solidarität, sagte Samuel, die Böhmen sind dir doch egal, du liebst sie nicht, du haßt sie nicht, auch die Engländer waren dir eigentlich egal, als du sie bombardiert hast. Weshalb also hast du diese alberne Unterschrift gegeben?

Weil ich mich schäme, sagte Blach, weil mich vor mir ekelt.

Warum schämst du dich, warum ekelst du dich? fragte Samuel, ich begreife diesen intellektuellen Spleen nicht, möchte ihn aber begreifen.

Ich kann es nicht mehr ertragen, sagte Blach, jeden Tag vor eine neue Situation gestellt zu werden, an deren Entwicklung ich nicht beteiligt war. Ich will nicht, daß Leute über meinen Kopf hinweg und ohne mich vorher von ihren Überlegungen zu unterrichten, Entscheidungen treffen, denen ich mich beugen muß, egal, ob es eine kluge Entscheidung ist oder nicht.

Wenn ich dich richtig verstehe, sagte Samuel, dann würdest du dem Einmarsch in Böhmen zustimmen, hätte man dich vorher gefragt.

Ich will nicht länger mein Gewissen damit belasten, sagte Blach, daß ich Jahr für Jahr und Tag für Tag schweigend zuschau', wenn neben mir etwas geschieht, das ich für ein Unrecht halte.

Und nun wartest du, sagte Samuel, wartest, bis sie kommen, um dich abzuholen, denn das wäre dein Alibi. Aber sie werden dich nicht abholen, dich nicht. Abholen tun sie immer nur uns. Denn auch wir warten. Aber wir haben kein so zimperliches Gewissen wie du. Uns macht man auch keine Angebote wie dir.

Wer wir? rief Blach ungeduldig.

Eben wir anderen, sagte Samuel, die geduldig beobachten und geduldig auf das Ende der Regierungen warten. Wir regen uns nicht auf dabei, verfassen keine Resolutionen und Manifeste, reichen keine Unterschriftslisten von Hand zu Hand. Das sind die Eitelkeiten von Intellektuellen, die unzufrieden sind mit sich und nun glauben, auch wir wären es. Wir können uns das System nicht aussuchen, in dem wir leben, wir sind einfach da, leben und tun, was uns Spaß macht und sehen zu, daß wir weder mit dir noch mit den Regierungen in Konflikt geraten.

Wir, wir, rief Blach ungeduldig, für wen sprichst du eigentlich.

Für alle, die keinen Zugang zu den Maschinengewehren der Regierungen haben, für alle, die nicht fünf

Fremdsprachen sprechen wie du, für alle, denen man nicht auf Schaubühnen zuklatscht. Das sind die Leute, für die ich spreche. Deine Leiden sind uns ebenso fremd wie die Ideale der Regierungen, für die wir unseren Kopf hinhalten sollen. Wir wissen nur eins: Nichts währt ewig. Wir sehen, wie sie Stück für Stück die Ideale aufgeben, mit denen sie uns in ihren Schulbüchern vollgestopft haben, wie sie Stück für Stück die Lebensweise aufgeben, die sie uns einmal als die beste der Welt eingetrichtert haben. Stück für Stück nähern sie sich einer Lebensweise, die sie eben noch verdammt haben. Am Ende bleiben von ihren großen Zielen nur die abgeklapperten Ideale übrig, die sie so lange hüten und von ihren Dichtern besingen lassen, bis sie eines Tages erkennen, wie hinderlich ihnen der Plunder geworden ist. Eigenhändig und von heute auf morgen werden sie stillschweigend die Reste beseitigen und die edle Gemeinschaft, die sie propagierten, bald als dumm und verächtlich abtun. So haben sie es immer gemacht. Und deswegen lohnt es sich für keinen von uns, das Wenige, das wir besitzen, aufs Spiel zu setzen.

Zuerst hieß es, zwei Oberschüler sind verhaftet, und Therese lief zu Blach. Wie sehr hatte er diesen Augenblick erwartet. Therese schlug Wandas erbitterte Beschwörungen in den Wind und kam zu ihm.

Da Therese aus eigenen Antrieb zu mir kommt, sagte Blach, wird alles gut.

Du mußt was unternehmen, Walter, rief sie, sie haben Karlo und Almuth verhaftet.

Es stellte sich heraus, daß Karlo und Almuth dabei erwischt worden waren, wie sie an die Wandzeitung in der Schule einen Zettel pinnten: Deutsche raus aus Böhmen. Ja, er würde etwas unternehmen, das versprach er Therese, die auf seinem Schoß saß, den Kopf an seiner Brust, und weinte, während er ihr über das Haar strich.

Ich tu', was ich kann, sagte Blach immer wieder. Hätte Blach damals die Wahrheit gesagt: daß es ihm leid tue, daß er ebenso denke wie sie, aber einflußlos sei, dann hätte er Therese wahrscheinlich nicht verloren. Statt die Wahrheit zu sagen, machte er ihr Hoffnung, daß sie bald ruhiger wurde, und, eingewiegt von der Sicherheit, die er ihr vermittelte, einschlummerte, nachdem er ihr noch ins Ohr geflüstert hatte:

Ich habe mich auch eingetragen.

So schlief sie ein an seiner Brust, mit unbändigem Vertrauen auf ihn, den starken und unbesiegbaren Mann, der da, wo ihre Welt in Unordnung geraten war, imstande sein würde, sie umsichtig zu ordnen. Natürlich fertigte ihn der Unterwachtmeister an der Tür ab, als er sich beim Staatsanwalt anmelden wollte. Natürlich wurde er abgewiesen, als er sich über den Unterwachtmeister beschwerte. Natürlich wurde sein Brief an den Verteidiger, der die Sache der beiden Oberschüler vertrat, nicht beantwortet.

Natürlich wurde keine seiner Eingaben beantwortet, die er an verschiedene Leitende & Führende in immer größerer Hilflosigkeit, aber auch Verzweiflung absandte. Bedroht wurde er nicht. Die Sache der beiden Oberschüler kam ins Gerede, aber die Zeit verstrich, und immer mehr Wilhelmsburger wollten nicht daran erinnert werden. Und als Karlo und Almuth nach einem Vierteljahr heimlich entlassen wurden, waren es nur die Eltern, die am Tor mit Tränen und Blumen auf sie warteten.

Therese war nicht dabei, Blach war nicht dabei. Keiner ihrer Klassenkameraden war dabei. Sie kamen einsam und scheu aus dem Tor und gliederten sich einsam und scheu und in aller Stille wieder ein in Wilhelmsburg, als sei nichts geschehen. Es hieß, sie hätten ein Papier unterschrieben, nichts aus der Haft zu erzählen. Zu dieser Zeit waren Therese und Blach bereits verfeindet. Damals aber, nachdem sie im Vertrauen auf Blach eingeschlummert war an seiner Brust, fragte sie ihn:

Wenn du unterschrieben hast, werden sie dich nicht auch abholen?

Ja, sagte Blach.

Er wartete. Ihm war, als könne er mit der Verhaftung seine Vergehen in der Vergangenheit sühnen. Ihm war, als habe er sich in diese Lage gebracht, um endlich reinen Tisch mit sich und Wilhelmsburg zu machen. Er ging seine Taten in der Vergangenheit durch und fand:

Ich bin eitel.

Ich habe Wanda vergewaltigt.

Ich habe Menschen umgebracht.

Ich habe meine Wut an Gegenständen ausgelassen.

Ich bin auf meinen Vorteil bedacht.

Ich habe Frauen geschlagen.

Ich bin feige gewesen.

Ich habe kein Mitleid gezeigt, als Vera mich auf den Knien anflehte.

Ich habe Knauer im unklaren gelassen über mich.

Ich habe aus Angst vor Banzer nicht widersprochen.

Ich habe Ehrenzeichen empfangen und gesagt, es mache mich stolz.

Ich habe einen Orden empfangen und gesagt, der macht mich stolz, und da war es die Wahrheit.

Aber es kam keiner, um Blach abzuholen. Dann hieß es, der Unterstufenlehrer Ernst Stori sei verhaftet worden, weil sein Name unter einer Liste stand, auf der sich Leute eingetragen hatten, die dagegen waren, daß Deutsche in Böhmen einmarschierten. Dann hieß es, der Bratschist des Wilhelmsburger Theaters, Kuno Steiner, und die Flötistin Angelika Burg seien verhaftet worden, weil ihre Namen unter einer Eingabe standen, in der sie der Behörde vorschlugen, die Truppe aus Böhmen zurückzuziehen. Dann hieß es, der Baumontageschlosser Egon Lorenz, der Hilfsarbeiter Toni Blumenthal und die Serviererin Anita Barchert seien verhaftet worden, weil ihre Namen unter einer Erklärung standen, in der sie zum Ausdruck brachten, daß es nicht Sache der Deutschen sei, in Böhmen für Ruhe und Ordnung zu sorgen. Dann hieß es, der Verdrahter Kurt Wernicke sei verhaftet worden, weil sein Name unter einer Denkschrift stand, in der die Verhaftungen in jüngster Zeit aufgerechnet waren, die Verfassung ermahnend zitiert und der Behörde dringend empfohlen wurde, die Verhafteten freizulassen. Dann hieß es, die Studenten Knut von Hoeven, Erika Schneidereit, Wilfriede Gnaus und der Krankenpfleger Arthur Hochmut seien verhaftet worden, weil ihre Namen unter einem Brief standen, in dem sie baten, den Verdrahter Kurt Wernicke aus der Haft zu entlassen.

Ich dachte immer, sagte Blach, auch wir gehen den Weg vom Niederen zum Höheren, auch wir sind den Gesetzen von Natur und Gesellschaft unterworfen. Auch wir werden einmal freizügig leben können in einer freizügigen Welt.

Wenn du dieser Meinung warst, sagte Banzer, dann ist das dein tragischer Irrtum. Das Gegenteil ist der Fall.

Sollte ich mich so sehr geirrt haben? sagte Blach.

Du hast dich geirrt, sagte Banzer.

Soll das heißen, sagte Blach, daß mein Leben ein Irrtum war.

Ich fürchte, ja, sagte Banzer.

Blach fühlte, wie sein Herz rebellierte. Banzer schaute ihn an, als wollte er seine Widerstandsfähigkeit prüfen.

Ich fürchte, sagte Banzer nach einer Weile, dein Leben war ein einziger Irrtum. Nicht Freizügigkeit ist das Ziel, das Ziel ist die Herrschaft des Volkes.

In jenem Jahr, als Blach darauf wartet, daß sie ihn abholen, beginnen die Arbeiten am syrischen Euphrat-Staudamm, am Ussuri beginnen die kriegerischen Auseinandersetzungen zwischen China und der Sowjetunion. Marineeinheiten Nordkoreas kapern das amerikanische Schiff Pueblo. Präsident Nasir proklamiert die Republik Malediven. In Kuba werden die letzten privaten Kleinhandelsbetriebe und Handwerksunternehmungen verstaatlicht. Die Nordvietnamesen schießen das dreitausendste amerikanische Flugzeug ab. Holley, Khorana und Nirenberg erhalten den Nobelpreis für Medizin, nachdem es ihnen gelungen war, den genetischen Code zu knacken. Studentenunruhen in Belgrad. Ausnahmezustand in Uruguay. Studentenunruhen in Sidney und Melbourne. Frankreich entsendet

dreihundert Fallschirmjäger nach Neukaledonien. Oberst Numeri übernimmt nach blutigem Staatsstreich die Macht in der Republik Sudan. Die portugiesische Regierung beschließt den Bau des Cabora-Staudammes in Mozambique. Das Königreich Swasiland wird unabhängig. Studentenunruhen in Warschau. Studentenunruhen in Islamabad. Studentenunruhen in Kairo. In Wilhelmsburg wird das Staatsoberhaupt erwartet. Studentenunruhen in Nairobi. Mulele, der ehemalige Minister der Regierung Lumumba, kehrt nach Kinshasa zurück und wird hingerichtet. England stationiert Atombomber auf Zypern. Auf dem Mond landen die ersten Menschen. Studentenunruhen in Stockholm. In Westberlin wird Dutschke angeschossen. Krieg zwischen Nigeria und Biafra. In Brasilien wird das Parlament aufgelöst und der Notstand ausgerufen. Schwere Erdbeben in Sizilien. Schwere Kämpfe in Nordirland. General al-Bakr stürzt Aref und wird neuer Staatspräsident des Irak, neuer Ministerpräsident und neuer Oberkommandierender der Streitkräfte. König Feisal ruft auf zum heiligen Krieg gegen Israel. Martin Luther King wird in Memphis ermordet. Robert Kennedy wird in Los Angeles ermordet. Nixon wird Präsident der USA.

Aber Blach wird nicht abgeholt. Therese kam weinend, warf sich Blach an den Hals und rief:

Jetzt haben sie unseren Klassenlehrer abgeholt.

Blach strich ihr übers Haar und küßte sie auf die Stirn.

Warum sagst du nichts? rief Therese.

Blach wußte nichts zu sagen.

Plötzlich hörte Therese auf zu weinen und sah Blach mißtrauisch an.

Warum holen sie dich nicht? fragte sie.

Blach schwieg.

Wenn du unterschrieben hast, sagte Therese, indem sie ihn schärfer ins Auge faßte, müssen sie auch dich abholen, warum tun sie es nicht?

Ich weiß nicht, sagte Blach.

Therese rückte von ihm ab.

Oder hast du nicht unterschrieben? fragte sie.

Das war doch selbstverständlich, sagte Blach.

Dann begreife ich nicht, rief Therese in einer ihm bisher ungewohnten Schärfe, daß sie nicht kommen und dich abholen.

Sie werden schon kommen, sagte Blach, mach dir keine Sorgen.

Weißt du, was ich glaube? sagte Therese.

Nein, sagte Blach.

Ich glaube, sie werden nicht kommen, sagte Therese.

In diesem Augenblick brach für Blach alles zusammen. Kein Gericht, so hatte er geglaubt, würde die Freundschaft zwischen ihm und Therese zerstören können, keine von Wandas Verleumdungen Therese von ihm abbringen.

Zwanzigstes Kapitel

Wochen vergingen und Monate, und als es sich herumsprach, daß die ersten heimlichen Prozesse stattfanden, gingen Nachrichten von Mund zu Ohr: Die Studenten Knut von Hoeven, Erika Schneidereit, Wilfriede Gnaas und der Krankenpfleger Arthur Hochmut sind zu zweieinhalb Jahren verurteilt. Der Unterstufenlehrer Ernst Stori ist zu vier Jahren verurteilt. Der Bratschist Kuno Steiner und die Flötistin Angelika Burg sind zu anderthalb Jahren verurteilt. Der Baumontageschlosser Egon Lorenz, der Hilfsarbeiter Toni Blumenthal und die Serviererin Anita Borchert sind zu drei Jahren verurteilt. Aber der Verdrahter Kurt Wernicke ist zu fünf Jahren verurteilt.

Mit steigender Erregung lauschte Blach den Sätzen, die sie ihm ins Ohr flüsterten, und mit größer werdender Beunruhigung lauschte er zum Treppenflur hinaus, vor allem morgens um halb vier, jener Stunde, von der es hieß, daß sie besonders günstig sei, aber Schritte waren nicht zu hören. Wenn er im Arbeitszimmer saß, lauschte er den Geräuschen nebenan nach. Er reiste auch wieder. Er reiste nach Ankara, er reiste nach Arles, er reiste nach Ulan-Ude, und er reiste nach Marrakesch. Und jedesmal, wenn er aus dem Flugzeug stieg, schaute er sich um, ob ihn nicht zwei Herren in Trenchcoat und Hut erwarteten, so jedenfalls stellte er sich damals diese Männer vor.

Manchmal, wenn das Telefon klingelte und Blach abhob, blieb es still in der Leitung. Verärgert über das verrottete Telefonnetz knallte er den Hörer auf die Gabel.

Samuel brachte ihn auf einen anderen Verdacht.

Das war keine Störung, sagte Samuel.

Was denn? fragte Blach.

Na, hör mal, sagte Samuel.

Du meinst? fragte Blach.

Samuel lächelte nur.

Aber wie machen die das? fragte Blach, und wozu? was steckt dahinter?

Einmal, als es klingelte und sich niemand meldete, behielt Blach den Hörer am Ohr. Die Leitung war nicht tot. Am anderen Ende saß jemand, und Blach hatte die Vorstellung, daß der dort vor sich hin lächelnd saß, mit dem Schreibblock auf den Knien, das Schreibgerät in der Hand, Kugelschreiber wahrscheinlich. Blach horchte einige Minuten. Dann erschien ihm der Gedanke albern, und er legte auf. Lange Zeit hatte er nicht den Nerv, länger als einige Minuten in die Leitung zu hören.

Nahm sich aber vor, die Nerven zu trainieren, denn

er wollte es wissen. Einmal lauschte er eine Viertelstunde in die Leitung, was er mit der Uhr kontrollierte. Einmal lauschte er zwanzig Minuten, aber einmal, als er sich nervenstark genug fühlte, dachte er, jetzt höre ich nicht mehr auf. Er beobachtete die Zeiger auf der Uhr, die ihm sagten, jetzt ist eine halbe Stunde vergangen und noch immer keine Reaktion in der Leitung. Er beobachtete die Zeiger der Uhr, die ihm sagten, jetzt ist eine dreiviertel Stunde vergangen und noch immer keine Reaktion in der Leitung. Er beobachtete die Zeiger der Uhr, die ihm sagten, jetzt ist eine Stunde vergangen und noch immer keine Reaktion in der Leitung.

Er beobachtete die Zeiger der Uhr, die ihm sagten, jetzt sind anderthalb Stunden vergangen und noch immer keine Reaktion in der Leitung. Als er schon anfing, konfus zu werden und an seinem Verstand zu zweifeln begann, da, plötzlich, hörte er das bekannte Knacken, das Besetztzeichen ertönte. Blach dachte immer noch an Zufall, hatte aber die Geistesgegenwart, die Zeitspanne des stummen Nervenkriegs zu ermitteln, und er stellte fest, es hatte eine Stunde, siebenundvierzig Minuten, neununddreißig Sekunden gedauert, sieben Sekunden, die Blach verloren hatte, weil er den Vorgang so langsam begriff, schon abgerechnet. Als er, lachend vor Freude, Samuel seinen Erfolg erzählte, warnte der ihn:

Paß nur auf, daß du dabei nicht kaputtgehst.

Von diesem Zeitpunkt an brachte Blach manchmal

Stunden damit zu, nach dem anonymen Klingeln des Telefons in die sprachlose Leitung zu lauschen. Um sich die Zeit zu vertreiben, sprach er gelegentlich Wörter oder Sätze vor sich hin.

Aluminiumamalgam, sagte er einmal, und als er darauf keine Antwort bekam, sagte er, Perturbation.

Einmal sagte er, nachdem er mit der Uhr genau eine Stunde abgemessen hatte:

Seltener trifft man die umgekehrte Haufenwolke an, die auch Mammatokumulus genannt wird. Von ihrer Unterseite hängen sackartige Ausbuchtungen herab, während die Oberfläche waagerecht ist, glatt und scharf begrenzt.

Einmal sagte er:

Knochenfäule.

Und einmal:

Ultra posse nemo obligatur.

Einmal, als ihm nichts mehr einfiel, was er hätte sagen können, zitierte er aus dem Gedächtnis:

When, in disgrace with fortune and men's eyes, I all alone beweep my outcast state, and trouble deaf heaven with my bootless cries, and look upon myself, and curse my fate, wishing me like to one more rich in hope, featured like him, like him, like him, er wußte nicht, wie der Vers weiterging, warf den Telefonhörer auf die Gabel und schlug nach. Als er den Sinn der Strophen erfaßte, bemitleidete er sich sehr.

Wählte die Nummer von Samuel, drei-sieben-elf-drei. Geduldig ließ er es fünfmal klingeln, und beim zehntenmal dachte er: Bis der sich aufrappelt und zum Telefon schleicht. Ließ es noch fünfmal klingeln. Ob er vielleicht nicht zu Hause ist? dachte Blach. War aber geübt im Warten am Telefon und ließ es mehr als zwanzigmal klingeln. Plötzlich, und wieder traf es ihn überraschend, daß er nicht gleich begriff, was vorging, hörte er zwei leise Frauenstimmen, ruhig und gelassen, aber von fern. Es war so, als sitze die eine direkt an dem fernen Sprechapparat und die andere hinten, vielleicht am Fenster, den gelangweilten Blick auf den öden, von Backsteinwänden umgebenen Hof.

Hast du ihn schon dran, sagte die Stimme vom Fenster her.

Nein, noch nicht, das klingelt bei dem aber schon ewig, sagte die Frau vom Sprechapparat.

Der läßt sich immer so viel Zeit, sagte die Stimme vom Fenster her.

Blach fühlte, wie sein Herz schneller schlug, und er fühlte, wie ihm schwindlig wurde, während es bei Samuel klingelte und klingelte. Da sagte die Frau am Sprechapparat:

Meine Güte, ist der hartnäckig.

Während es bei Samuel weiter klingelte, kam Blach langsam zur Besinnung.

Das dauert aber lange, sagte er.

Ja, sagte die Frau am Sprechapparat, und darauf folgte eine Pause des Erschreckens, denn die Frau hatte spontan geantwortet, was ihr, wie Blach vermutete, Scherereien bereiten würde.

Wer sind Sie denn? fragte die Frau am Sprechapparat.

Blach, sagte Blach.

Wer ist er? fragte die Frau vom Fenster.

Blach, sagte die Frau am Sprechapparat.

Ach so, sagte die Frau am Fenster.

Was suchen Sie in meiner Leitung? rief Blach so angriffslustig wie möglich.

Ihre Leitung? sagte die Frau am Sprechapparat, die ihre Sicherheit wiedergewonnen hatte, na, Sie sind gut.

Mit wem wollen Sie eigentlich sprechen? rief Blach.

Mit Herrn Domski natürlich, sagte die Frau am Sprechapparat.

Domski, sagte Blach, Sie glauben wohl, Sie können mich für dumm verkaufen. Ich habe das ganze Gespräch mit Ihrer Kollegin mitgehört. Welche Nummer hat denn Herr Domski?

Keine Antwort darauf, nur daß es bei Samuel weiter klingelte. Blach wollte schon auflegen, da wurde auf der anderen Seite der Leitung der Hörer abgehoben.

Gautschinski, hörte Blach Samuels Stimme, und nach einer Weile:

Hier Gautschinski, hallo! hallo! hier ist Gautschinski, nun reden Sie doch endlich, Sie Arschloch.

Entmutigt legte Blach den Hörer auf die Gabel.

Ganz verwirrt fühlte sich Blach aber, als ihn Banzer einmal fragte:

Besitzt du eigentlich die Gedichte von Shakespeare?

Ja, sagte Blach.

Da gibt es doch das eine, in dem einer, wahrscheinlich er selbst, sein einsames Los beweint.

Ja, sagte Blach.

Ein ziemlich trauriges Gedicht, wie mir scheint, sagte Banzer.

Es endet aber optimistisch, sagte Blach und erschrak.

Du und dein Optimismus, sagte Banzer.

Und wenn das Telefongespräch der beiden Frauen tatsächlich Herrn Domski galt? sagte Blach.

Es gibt keinen Herrn Domski, sagte Samuel.

Was soll nun geschehen, fragte Blach.

Du mußt versuchen, deine Situation zu begreifen, sagte Samuel.

Oder, sagte Blach zu Samuel, es ist alles Zufall, es hat alles seine natürlichen Ursachen, und was ich dir erzähle, ist mein Krankheitsbericht.

Was redest du von natürlichen Ursachen, sagte Samuel, die ersten Menschen dachten auch, die Sonne dreht sich um die Erde, weil sie es für natürlich hielten und weil sie es mit eigenen Augen täglich sahen. Nicht du bist krank, sondern das System.

Aufmerksam beobachtete Blach, was rings um ihn vorging. Wenn er etwas entdeckte, das ihm verdächtig vorkam, ging er zu Banzer und erzählte es ihm im Ton der Anklage:

Quatsch, sagte der dann, du nimmst dich viel zu wichtig, schau mich an, ich leide unter solchen Ängsten nicht.

Blach wollte fragen, weshalb sich Banzer nach dem Gedicht erkundigt hatte, unterließ es aber, weil er Banzers Antwort ahnte. Eigentlich, dachte Blach, brauchen wir nicht mehr miteinander zu reden. Er weiß, was ich ihn fragen werde, und ich weiß, was er mir antworten wird. Mit Banzer und mir ist es so, mit Samuel und mir ist es genauso. Wozu noch reden? Deshalb behielt Blach einiges von dem, was er damals beobachtete, für sich. Eines Morgens war es im Telefon tot. Kein Laut, keine hallende Stille, nichts. Blach ging zur Telefonzelle an der Post und rief die Entstörungsstelle an. Ja, sagte die Frau, die Störung ist bereits gemeldet, und der Entstörtrupp ist unterwegs.

Wer hat die Störung gemeldet? fragte Blach.

Ich weiß nicht, sagte die Frau.

Na, hören Sie mal, rief Blach, wer hat Interesse, die Störung in meiner Leitung zu melden und auch gleich den Entstörtrupp in Bewegung zu setzen?

Schreien Sie mich gefälligst nicht an, sagte die Frau ruhig, wenn Sie nicht wollen, daß Ihr Telefon entstört wird, brauchen Sie es nur zu sagen, denn dann ruf' ich die Jungs zurück.

Aber nein, rief Blach, verstehen Sie doch, ich habe die Störung erst jetzt festgestellt und melde sie Ihnen, Sie aber wissen schon Bescheid.

Was regen Sie sich auf, sagte die Frau, das geht hier automatisch. Wir schauen jeden Morgen die Leitungen durch, und wenn wir eine Störung entdecken, warten wir nicht lange, sondern schicken den Trupp gleich los. Ist doch in unserem eigenen Interesse.

Blach ließ sich von der Arbeit freistellen, als der Entstörtrupp kam. Die Männer stellten einen Kurzschluß in der Erdleitung fest. Sie könnten den Schaden aus Arbeitskräftemangel nicht gleich beseitigen, würden aber, so sagte der leitende Ingenieur, eine provisorische Überbrückung herstellen. Blach beobachtete die Männer. Der eine kletterte auf den Mast, der andere ging in den Keller. Sie verständigten sich untereinander mit kleinen tragbaren Telefonapparaten, die sie an verschiedene Leitungen schlossen, bis sie eine gefunden hatten, die, wie der Ingenieur Blach erläuterte, die Überbrückung zuließ. Als sie ihre Arbeit beendet hatten, war das Telefon in Ordnung, der Trupp fuhr zur nächsten Entstörstelle. Blach wartete darauf, daß sie kommen würden, um die Erdleitung freizuschaufeln. Sie kamen aber nicht. Sie kamen weder im selben Jahr noch in den Jahren danach. Bis heute sind sie nicht gekommen.

Ja, ja, sagte Banzer, als Blach ihm davon erzählte, dieser leidige Arbeitskräftemangel.

Die haben dir was in die Leitung gebaut, sagte Samuel, und du hast es nicht mal gemerkt.

Jedesmal, wenn Blach die Feinmechanischen Fabriken verließ, schaute er sich nach parkenden schwarzen Limousinen mit verhängten Fenstern um, so jedenfalls stellte er sich damals die Autos der Männer vor, die mit Beobachtungen ihren Lebensunterhalt verdienten. Er war einer der großen Naiven dieser Welt, und er ist es bis zu seinem Ende geblieben. Und als Blach eines Tages, und es war bereits wieder mehr als ein Jahr vergangen, Banzer in dessen Arbeitszimmer aufsuchte, sagte er:

Ich hab' ein Problem.

Wer hat das nicht, sagte Banzer.

Warum werde ich nicht abgeholt? fragte Blach.

Wieso sollen sie dich abholen? fragte Banzer leicht amüsiert.

Weil ich damals unterschrieben habe, sagte Blach.

Na und? sagte Banzer, viele haben unterschrieben, die Behörden hätten viel zu tun, wenn sie sich jeden vorknöpfen würden.

Ich stand an erster Stelle, sagte Blach.

Um so schlimmer, sagte Banzer.

Was wird hier gespielt, fragte Blach, die einen werden abgeholt, die anderen nicht.

Du wolltest wohl auch abgeholt werden, was? rief Banzer. Das hättest du wohl gerne für dein Alibi, was?

Blach fiel auf, daß Banzer dasselbe Wort gebrauchte wie Samuel.

Ich brauche kein Alibi, dagte Blach.

Und wie du es brauchst, rief Banzer, ohne Not kommst du nicht zu mir angeschissen.

Was geht hier vor? fragte Blach.

Hör mal, sagte Banzer, ernsthaft, sei froh, daß du aus der Sache so elegant herausgekommen bist. Niemand hat ein Interesse, dich zu verhaften, ausgerechnet dich.

Warum nicht mich? rief Blach.

Du tust so, sagte Banzer, als wüßtest du nicht Bescheid.

Ich weiß nicht Bescheid, sagte Blach.

Die sind doch nicht verrückt und verhaften dich, sagte Banzer und lachte überlegen. Dich verhaften, der hundert Freunde im Ausland hat.

Wie war es möglich, das zu vertuschen? fragte Blach.

Was meinst denn du, sagte Banzer, wie das hat geschehen können?

Ich weiß nicht, sagte Blach.

Mann, sagte Banzer, bist du so dumm oder tust du nur so? Ich hab die Liste mit deinem Namen verbrannt.

Jetzt den Kopf zur Seite fallen lassen, sagte Blach, als er bei Samuel auf der Couch lag.

Bei Samuel, der sich rührend um ihn bemühte.

Den Kopf zur Seite fallen lassen, sagte Blach, und ruhen, wenn möglich schlafen, und er ließ den Kopf zur Seite fallen und ruhte, schloß die Augen und hatte auf einmal das Gefühl, daß das Herz jeden Moment aussetzen müsse.

Manchmal, sagte Blach, stelle ich mir mein Leben vor wie einen tausendjährigen Wald. Zuerst sind die Bäume ringsum dünn und schwach, und sogar ich mit meinen schwachen Kräften kann sie biegen und brechen, während ich laufe, um mein Ziel zu erreichen. Und nachdem ich hundert Jahre gelaufen bin, ohne daß sich ein Ende zeigt, hat sich nichts geändert, nur die Bäume ringsum sind kräftiger geworden, lassen sich nicht mehr leicht beiseitebiegen, ich muß ihnen ausweichen, und nach weiteren hundert Jahren stehen sie Stamm bei Stamm. Von Jahrhundert zu Jahrhundert seh ich sie mächtiger werden, und es ist absehbar, wann die Stämme ganz und gar zusammengewachsen sind. Der kleinste Durchschlupf nimmt nun alle meine geistigen und körperlichen Fähigkeiten in Anspruch, den Wald zu bewältigen. Fähigkeiten, sagte Blach, die ich eigentlich für edlere Ziele einsetzen wollte. Irgendwann in meinem Leben habe ich den Augenblick verpaßt. Ich hätte rechtzeitig ein Beil nehmen müssen, um mich aus diesen Umschlingungen zu befreien, die mir jetzt den Atem nehmen. Nun stützt ein Stamm den anderen. Mein Weg ist zugewachsen mit Gestrüpp. Die Kronen wachsen ineinander. Ich weiß nicht, wo es hingeht, und ich weiß nicht,woher ich gekommen bin.

Geht doch allen so, sagte Samuel.

Es gab eine Zeit, sagte Blach, da hieß es, die Gewalt, die ihr anwendet, sei euch vom Widersacher aufgezwungen, in besseren Zeiten würdet ihr nachsichtiger vorgehen.

Das ist nie gesagt worden, sagte Banzer, das Gegenteil ist wahr; in besseren Zeiten wird der Widersacher versuchen, in unsere Reihen einzudringen, um uns wie der Termit von innen heraus zu zerstören, was unsere erhöhte Aufmerksamkeit nötig macht.

Das ist widerlegt worden, sagte Blach, Verstärkung des Großen Kampfes sei schädlich, hieß es immer.

Die es widerlegt haben, sagte Banzer, sind längst tot, ihre Gräber dürfen heute nicht geschmückt werden.

Ich war immer einsichtig, sagte Blach.

Deine Einsichten sind uns egal, sagte Banzer, wir brauchen deine Hingabe.

Unmöglich, sagte Blach.

Deswegen scheiterst du auch, sagte Banzer.

Ihr habt immer gesagt, rief Blach, daß ihr meine Hilfe braucht.

Wir brauchen jede Hilfe, sagte Banzer, nur nicht die des Termiten.

Dann braucht ihr nicht meine Hilfe, sagte Blach, sondern meine Unterwerfung.

Ich freue mich, daß du endlich dahintergekommen bist, sagte Banzer.

Wer aber sagt dir, daß es richtig ist, was ihr tut? fragte Blach.

Das, was wir tun, entspricht der Weisheit des Volkes, sagte Banzer.

Das schlimmste für Blach war, daß Therese ihm aus dem Weg ging. Viel Zeit war vergangen, seit sie sich ihm an den Hals geworfen hatte, um sich auszuheulen.

Der Wald wächst und wächst, sagte Blach, die Gefangenen sitzen in den Kerkern, bald werden sich vor ihnen die Tore öffnen, bald werde ich Therese umstimmen können.

Häufiger als früher besuchte er Freunde, die ihm gegenüber jedoch merkwürdig verschlossen blieben, wenn er versuchte, das Gespräch auf Therese, Wanda und deren neue Ehe mit Banzer zu bringen.

Versteh doch, sagte Irene, wir sind mit Banzer und Wanda genauso befreundet wie mit dir. In was für ein Licht geraten wir, wenn wir uns als Zwischenträger mißbrauchen lassen.

Wanda erfährt von uns auch nichts über dich, sagte Faber, das steht fest.

Übrigens fragt Wanda nicht nach dir, fügte Irene hinzu, wobei sie einen schnellen belustigten Blick mit dem Gatten wechselte.

Kretschmer war ungehalten, als er spürte, daß Blach etwas über Therese erfahren wollte und rief:

Laß das Mädchen in Ruh', bring' sie nicht in seelische Nöte.

Sie ist das sensibelste Kind, das ich kenne, sagte Christa, man scheut sich fast, sie anzusprechen.

Und Bukowski sagte:

Ich weiß nicht, wie es gekommen ist, daß Wanda dich haßt.

Therese bricht in Tränen aus, wenn sie etwas an dich erinnert. Aber es sind weder Tränen des Mitleids noch Tränen der Trauer. Es sind Tränen der Erbitterung über das, was du ihr angetan hast. Was hast du getan?

Blach wußte auch diesmal nicht, wann, wo und vor allem wie es angefangen hatte. Als er es merkte, war er mitten drin.

Es hat angefangen, wohin kann ich fliehen, die Sache umschlingt mich, einmal sich raushalten, einen

Untergang auslassen, einmal nicht mitmachen, nicht handeln, es passieren lassen, wozu diese Mühen, wozu diese entmutigenden Erniedrigungen, es gibt keine Flucht. Manchmal dachte Blach daran, auszusteigen. Aussteigen woraus? Aus Wilhelmsburg? Aus dem Zug, der ihn wieder in eine fremde Stadt trug? Aus dem Leben? Aus der Liebe? Eigenartigerweise war der Gedanke, aus dem Leben auszusteigen, bei ihm am geringsten entwickelt, es soll aber nicht verschwiegen werden, daß der Gedanke daran bei Blach durchaus vorkam.

Als Blach davon hörte, und zwar von Irene, die er hartnäckig nach Wanda und Therese ausfragte, daß die Tochter zum Studium ans Moskauer Konservatorium delegiert worden war, atmete er auf.

Gott sei Dank, sagte er, endlich ist sie Wandas Einfluß entzogen.

Der Gedanke, sich nun seiner Tochter zu nähern, ohne gleichzeitig den Bannkreis überwinden zu müssen, den die Mutter um Therese gezogen hatte, machte ihn irre vor Hoffnung. All seine Leiden Thereses wegen wogen mit einemmal nichts mehr.

Ich, Blach, meines Glückes Schmied.

Dabei blieb er behutsam, hastete nicht mit der erstbesten Maschine nach Moskau, um Therese zu beobachten, sie zu umwerben, sie zu erobern. Der Gedanke, die Tochter zu umwerben, versetzte ihn in freudige Stimmung. Er spürte plötzlich wieder: Liebe zum Leben, Liebe zur Arbeit, Liebe zum in Not geratenen

Nächsten, Empfindungen, die eine starke Hand, unmerklich und unerkennbar für ihn, niedergehalten und verhindert hatte.

Als ihm angetragen wurde, nach Moskau zu fliegen, um dort als Spezialist in seinem Fach befragt und gehört zu werden, nahm er an. Er hielt die Zeit für gekommen, mit seiner Werbung um die Tochter zu beginnen. Er würde zart vorgehen, voraussetzungslos und wie ein reifer Mann, der seine zwanzigjährige schöne Geliebte umwirbt.

Kleidete sich von Kopf bis Fuß neu ein. Ging zum Schneider und fragte, wie sich ein grauhaariger alternder Herr zu kleiden habe, der auf ein sensibles Mädchen wirken will. Auswahl des Stoffes, des Schnittes. Weste ja oder nein. Schräge Taschen, gerade Taschen. Welche Oberhemden, was für Krawatten. Blach tat alles, um vor seiner Tochter als ein Mann von angenehmstem Äußeren zu erscheinen. Viel wollte er nicht von ihr, viel erwartete er nicht.

Er wollte, daß sie ihn ansah, ihm zuhörte, ihn einmal richtig ansah und nicht so, wie Wanda ihr gesagt hatte, daß man ihn ansehen müsse, mißtrauisch, voller Verachtung oder, was schlimmer war, wie einen Fremden, teilnahmslos und kalt. Blach war bester Stimmung, als er mit seinem Kollegen Neugebauer in die Maschine nach Moskau stieg, war auch bester Stimmung gegenüber dem Kollegen, der sie an die Maschine brachte, um sicher zu gehen, daß die beiden mit dieser Mission betrauten Männer auch tatsächlich abflogen und nicht etwa im Flugplatzhotel nach durchzechter Nacht die Zeit verschliefen. Dem Kollegen winkte Blach freundlich zu, und der schaute säuerlich auf Blachs ungewöhnliche und ungewohnte Eleganz. Ihm wurde angst, wenn er sich ausmalte, welche Scherereien er haben würde, führte Blach das aus, was er sich offenbar vorgenommen hatte.

Mein Lieber, rief er ihm zu, ich habe dich immer für einen vernünftigen und gesetzten Menschen gehalten.

Einundzwanzigstes Kapitel

Blach winkte beruhigend zurück. Schaute auf Wolken hinaus, spürte, wie die Maschine sank, umarmte beim Empfang den Glatzkopf, schmatzte Küsse auf Wangen, klopfte Schultern. Trostlose Hotelkorridore, wachsame Blicke der Wachhabenden. Anruf nachts um elf, kühle geschäftsmäßige Stimme:

Hier ist Tanja, wünschen Sie meine Dienste?

Ich weiß nicht, sagte Blach zögernd.

Soll ich kommen? fragte Tanja.

Ich bin nicht allein, sagte Blach.

Dann kommen Sie in mein Appartement, sagte Tanja kühl.

Wo ist das? fragte Blach.

Belinsky-Prospekt, werden Sie kommen?

Aber das ist ein anderer Stadtteil.

Nehmen Sie ein Taxi, um diese Zeit stehen Taxis vor dem Westportal.

Belinsky-Prospekt, welche Nummer?

Dreihundertzwölf, Wohnung neun, werden Sie kommen?

Ich bin, ehrlich gesagt, aus dem falschen Währungsgebiet, sagte Blach.

Er hörte, wie auf der anderen Seite der Leitung geflüstert wurde, dann wieder Tanjas kühle, geschäftsmäßige Stimme:

Gute Nacht, schlafen Sie gut.

Nachdem sie aufgelegt hatte, hielt Blach den Hörer eine Weile unschlüssig in der Hand.

Wozu hast du das mit bym Währungsgebiet gesagt? fragte Neugebauer, und was soll das heißen, daß du nicht allein bist. Wir hätten sie uns beide vorknöpfen können. Na, nun ist es zu spät. Gute Nacht, mein Lieber, und das nächste Mal läßt du mich an den Apparat.

Reden, Empfang, Beiseitenehmen und Tuscheln, kein Anruf mehr nachts von Tanja. Räumen eines Tisches, um den verehrten Delegierten Plätze zu verschaffen. Trinksprüche, Taxi, Panorama-Kino, bleiche Mumie, Rubel auf den Handteller, Zwiebeltürme, Chagall, Sonnenblumenkernhülsenhaufen, Belinsky-Prospekt dreihundertzwölf, Wohnung neun. Tonband mit der letzten Rede von Solschenizyn, kaum verständlich durch die Abnutzung beim oftmaligen Überspielen. Taganka. Das geblümte Hemd, das Sie tragen, was wollen Sie dafür haben. Bremsen kreischen, und Blut läuft über den Fahrdamm. Metro Majakowskiplatz, Traumstraße der Welt im Kino, Reden, Klatschen, Schampanskoje, Fischsoljanka, Juri Dolguriki, Birkensaft in Flaschen zur Erfrischung. Ohne Krawatte darf ich Sie nicht einlassen. Morgendliches

Buffet, Laternenfest an der Moskwa. Gerangel mit der Miliz vor der amerikanischen Botschaft. Marina Vlady, Belinsky-Prospekt dreihundertzwölf, Wohnung neun, Minin und Posharski, Belorussischer Bahnhof, Dreifaltigkeitskirche. Verzeihen Sie, der Tisch ist reserviert. Smetana? Reden, Gedränge.

Zu wem wollen Sie? Was denken Sie, das hier ist ein staatliches Unternehmen, ich darf Sie nicht einlassen. Sagen Sie mir den Namen der Person, ich werde hochrufen, und die betreffende Person kommt, falls sie sich im Hause befindet, ans Tor. Und dann Sie als Ausländer. Aber nein, ich sagte doch, Sie müßten mir Ihren Namen nennen. Wie war der bitte? Plocho? Das ist gut und schön, daß sie der betreffenden Person eine Freude machen wollen, aber tun Sie's hier am Tor. Natürlich muß ich der betreffenden Person Ihren Namen nennen.

Towarischtsch Plocho, natürlich, hab ich längst verstanden, aber rein dürfen Sie nicht. Sehen Sie, jedes Land hat seine Gesetze und Vorschriften, sogar Amerika, und wir haben die unsrigen, und nach unseren Gesetzen und Vorschriften ist es Ausländern nicht gestattet, ohne Vollmacht vom Dekanat unsere Liegenschaften zu betreten. Oder die betreffende Person kommt herbeigeeilt ans Tor, und Sie können sie begrüßen. Nein, warten Sie, Sie können hier nicht vorbei. Nein, auch nicht mit Passierschein. Das Gesetz lautet: keiner.

Keiner ohne Vollmacht. Die gibt das Dekanat, und

das Dekanat ist jetzt zu. Wieso wollen Sie mir nicht den Namen der Person nennen? Gibt es was zu verheimlichen? Heißt die vielleicht Plochowa mit Nachnamen? Wieso mache ich mich lustig darüber? Der Mensch heißt so wie er heißt. Der Franzose ist gewandt, der Russe hält stand. Macht nichts, wenn Sie kein Franzose sind. Könnte genau so gut heißen, der Deutsche ist gewandt, und der Russe hält stand, und der Russe bin in diesem Fall ich.

Schmieren und Salben hilft allenthalben, stimmt, aber nicht bei mir. Außerdem, fünf Rubel, was sind das schon. Also, um es zusammenzufassen, Sie wollen rein und dürfen es nicht, ich will die betreffende Person rufen lassen und weiß nicht, wen, weil Sie mir nicht den Namen nennen. Wenn es eine gewisse Plochowa ist, dann sagen Sie's mir. Umkehren ist besser als irregehen. Jedes Land hat seine Sitten, und wenn der Scherz am besten ist, soll man aufhören, Towarischtsch Plocho.

Der Besuch bei Therese im Internat nahm Blachs ganze Aufmerksamkeit in Anspruch. Er ging Tag für Tag in den Konferenzsaal, war aber unfähig, den Reden zu folgen. Seit ihn der Pförtner am Eingangstor abgewiesen hatte, fragte er sich mit immer größerer Unruhe, weshalb er nicht einfach Thereses Namen und ihre Zimmernummer nannte. Man hätte hochgerufen, und die betreffende Person wäre herabgeeilt, wie der Pförtner sagte, um den Besuch zu empfangen. Statt dessen hatte Blach sich umgedreht und war gegangen, obwohl es für eine Enttäuschung keinen Grund gab. War hier nicht neutraler Boden? Er spürte, daß er innerlich noch nicht vorbereitet war auf den Besuch bei Therese und daß ihm die Weigerung des Pförtners, ihn unangemeldet einzulassen, willkommenes Alibi war, den Besuch hinauszuzögern.

Wovor habe ich Angst? fragte Blach.

Während die Reden und Referate an seinem Ohr vorbeirauschten, Tag für Tag, machte er Pläne und verwarf sie. Als ein Forschungsstudent, der ihm zur Betreuung beigegeben war, von seinen Studienergebnissen berichtete, heuchelte Blach Interesse und ließ beiläufig fallen, daß er durchaus Zeit habe, sich die Arbeiten des jungen Mannes im Internat anzusehen.

Dabei lerne ich gleich kennen, wie Sie leben und arbeiten, sagte freundlich lächelnd Blach, als der Forschungsstudent höflich anbot, seine Arbeit lieber zu holen.

Sie kamen am Pförtner vorbei, der Blach mißtrauisch betrachtete, als dieser ihm einen Ausweis zeigte, der ihn als ungarischen Seminarleiter auswies. Ein Papier, das ihm soeben von einem etwas abseits vor dem Portal Wartenden, einem Freund des Forschungsstudenten, in die Hand gedrückt worden war. Blach fragte den Studenten nach dessen Zimmer und versprach, nach Erledigung einer unaufschiebbaren Unterredung bald zu folgen. Er stieg Block D die Treppen hoch in die zweite Etage, umwimmelt von jungen Leuten aus vielen Ländern, suchte das Zimmer siebenundvierzig. Als er anklopfen wollte, wurde die Tür von innen aufgerissen, und ein fremdes Mädchen rannte gegen ihn.

Verzeihung, sagten beide erschrocken, das Mädchen russisch, Blach deutsch, und russisch fügte Blach hinzu:

Ich heiße Walter Blach, meine Tochter Therese soll hier wohnen, ob sie wohl zu Hause ist?

Therese, Therese, rief das Mädchen, indem es die Tür aufstieß, dein Vater ist zu Besuch gekommen.

Er soll verschwinden und mich in Ruhe lassen, hörte Blach eine zarte Stimme in schlechtem Russisch.

Therese saß auf der Bettkante. Schwarzes Haar, schwere Zöpfe, Mittelscheitel, blasses, ovales Gesicht, zarte, leicht wehleidig klingende Stimme. Blach starrte in das kleine, schmucklose und schlicht eingerichtete Zimmer, starrte zu dem Mädchen hin, das den Kopf hob und ihn abweisend ansah. Als sie sich lange genug angesehen hatten, eine halbe Minute vielleicht, wie Blach später feststellte, als er die Situation rekapitulierte, machte er eine winzige Bewegung, so, als wollte er sich nun auf den Weg machen, auf den weiten Weg, auf den schweren Weg, auf den steinigen Weg, auf den unendlich langen Weg vom Flur in das Zimmer hinein zu dem Bett, auf dem Therese saß.

Wenn du das Zimmer betrittst, sagte Therese mit dünner Stimme, werde ich es verlassen.

Kommen Sie, sagte leise die Studentin, die ihm die Tür geöffnet hatte.

Sie war mit einemmal nicht mehr in Eile, hatte erschrocken zugehört, machte umsichtig die Tür wieder zu, zog Blach am Arm mit sich fort.

Ich heiße Larissa, sagte sie, seien Sie nachsichtig mit Therese, sie ist so zart und empfindsam.

Und ich? sagte Blach, ich bin wohl nicht empfindsam?

Kommen Sie, kommen Sie, sagte Larissa, wir gehen in die Mensa und plaudern. Therese wird einmal eine große Künstlerin, eine von den ganz großen, verstehen Sie?

Was hab' ich ihr getan, fragte Blach später, als sie bei Brötchen und Sahne in der Mensa saßen, was hat sie Ihnen von mir erzählt?

Nichts, sagte Larissa.

Was nichts, rief Blach verzweifelt, ich denke, Sie sind ihre beste Freundin?

Ich bin ihre einzige Freundin, Therese hat keine Freunde außer mir.

Und warum ausgerechnet Sie? fragte Blach.

Weil wir zufällig im selben Zimmer wohnen, sagte Larissa, weil wir zufällig beide nicht dasselbe Instrument spielen, weil Jungens an mir nicht interessiert sind und weil sich Therese zufällig nicht für Jungens interessiert. Therese ist menschenscheu.

Soll das der Grund dafür sein, sagte Blach, daß sie nicht mit mir sprechen will?

Ich weiß nicht, was mit Ihnen und Therese ist, sagte Larissa, Therese ist ein außergewöhnlicher Mensch.

Sie wird von allen beneidet. Manche sagen: Therese weiß, daß sie ein Genie ist, und so führt sie sich auch auf.

Starallüren? fragte Blach niedergeschlagen.

Ich meine nein, sagte Larissa, andere meinen ja.

Blach blieb mit Larissa in brieflichem Kontakt. In Briefen an sie verwendete er, um Therese zu täuschen, als Absender den Namen Hans Lehmann. Als er nach einem halben Jahr wieder nach Moskau kam, verabredete er sich mit Larissa in einem der prunkvollen zaristischen Restaurants, in denen noch Kaviar serviert wird. Er wieder voller Tatkraft, heiter, spendabel und seines Erfolges gewiß.

Larissa, mein Täubchen, sagte Blach, wie hübsch Sie aussehen.

Dann frage ich mich, sagte Larissa, warum keiner mich haben will.

Sie sind zu tugendsam, sagte Blach.

Es ist leicht, tugendsam zu sein, sagte Larissa, wenn es niemanden gibt, der unablässig versucht, diese Tugend ins Wanken zu bringen.

Nein, wirklich, Larissa, rief Blach, ich finde Sie ausgesprochen schön.

Das wird wohl eine mehr innere Schönheit sein, sagte Larissa.

Glauben Sie, sagte Blach, ich wüßte nicht, wann eine Frau schön ist?

Wenn es so wäre, sagte Larissa, dann hätten Sie mir längst schamlose Angebote gemacht.

Nehmen Sie mir nicht das Wort aus dem Mund, sagte Blach.

Sie scherzten und plauderten und verstanden sich offenbar sehr gut, aber als Blach den Wunsch äußerte, mit Therese zu sprechen, wurde Larissa ernst.

Das ist, glaube ich, heute weniger möglich als vor einem halben Jahr, sagte sie.

Wie sie auf den Gedanken komme, wollte Blach wissen.

Weil Therese jetzt einen Freund hat, sagte Larissa.

Wenige Wochen, nachdem Blach von Therese abgewiesen worden war, erschien ein neuer Student in der Violinklasse, Sascha Rejc mit Namen. Er kam aus Leningrad nach Moskau, auch er ein Einzelgänger. Zuerst hieß es, so ein Mist, jetzt haben wir zwei von der selben Sorte, beide ungesellig, verschlossen, eigenbrötlerisch, talentiert, aber auch hochmütig, an beide kein Rankommen. Aber eines Tages, niemand hätte sagen können, wann es wirklich begonnen hatte, sah man Therese und Sascha miteinander gehen, zum Unterricht gehen, zu den Proben gehen, in die Mensa gehen, einkaufen gehen, spazierengehen, ins Internat gehen, zum Dekan gehen. Wo Sascha war, da war bald auch Therese, und wo man Therese sah, sah man bald auch Sascha.

Zwei in sich gekehrte, schweigsame, zurückhaltende, kontaktarme, scheue, schamvolle und übersensible Menschen, um die sich mancher vergeblich bemüht hatte, ausgerechnet diese beiden hatten zueinander gefunden. Wer hatte wen zuerst auffordernd angesehen? Wer hatte wem zuerst zugelächelt? Wer hatte wen zuerst angesprochen? Wer hatte wen zuerst berührt?

Wer hatte wen zuerst am Ausgang erwartet? Wer hatte wen zuerst gefragt, wo wollen wir uns treffen? Wer hatte wem zuerst einen Kuß gegeben? Wer hatte zuerst den Wunsch angedeutet, sich zueinanderlegen? Bald war allen der Ernst dieser Liebesgeschichte klar, die Leidtragende dabei war Larissa.

Natürlich, wer sonst, wenn nicht ich, sagte Larissa.

Aber ist sie nicht innerlich freier als früher? fragte Blach, ist sie nicht kontaktfreudiger als sonst?

Auch freundlicher zu allen, sagte Larissa.

Na, sehen Sie, sagte Blach, vielleicht wäre es deswegen günstig für mich, mit ihr ins Gespräch zu kommen.

Sie vergessen, sagte Larissa, Sascha ist Jude.

Wieso, rief Blach, was hat das zu bedeuten?

Sind Sie Jude? fragte Larissa.

Nein, wieso? fragte Blach, und was wäre, wenn?

Ist Thereses Mutter Jüdin? fragte Larissa.

Nein, sagte Blach, ist doch egal, was einer ist.

Therese behauptet, sie sei Jüdin, sagte Larissa.

Ich war Soldat im Krieg, sagte Blach, Flieger, und Thereses Mutter war als Mädchen im Mädchenbund.

Larissa wußte nicht, was ein Mädchenbund ist, und Blach erklärte es ihr.

Nun verstehe sie gar nichts mehr, sagte Larissa.

Blach, der zuversichtlich nach Moskau gereist war,

fuhr niedergeschlagen nach Wilhelmsburg zurück. Er war Therese nicht unter die Augen getreten, aber er hatte sie und Sascha Rejc mit Larissas Hilfe beobachten können, zwei hochgewachsene, schlanke und schöne Menschen, die zärtlich miteinander umgingen. Das Verhältnis der beiden hatte ihn tief berührt. Das Gefühl, vom Glück der beiden ausgeschlossen zu sein, deprimierte ihn. Larissa hatte ihren Arm um Blachs Schultern gelegt und ihm das Haar aus der Stirn gestrichen. Er dachte daran, wieviel Streicheleinheiten ihm im Leben mit Vera und Wanda und dieser und jener versagt geblieben waren. Larissas zärtliche Berührung tröstete ihn. Da saßen sie nun, die beiden Verschmähten. Blach, um die Tochter betrogen, Larissa, um die Freundschaft betrogen. Ein alternder Mann und ein Mädchen, beide verletzt, beide freundlich zueinander, so daß Blach plötzlich Larissas Gesicht in beide Hände nahm und sie fragte:

Wollen wir miteinander schlafen?

Ja, sagte Larissa rasch, aber wo?

Sie küßten sich stürmisch, ein wenig zu stürmisch, wie Blach fand, mehrmals stießen sie mit den Zähnen zusammen, und Blach kam der Gedanke, daß Larissa vielleicht noch nie mit einem Mann geschlafen hatte, was ihn beunruhigte. Sie beratschlagten, welcher Ort wohl für das, was sie miteinander vorhatten, in Frage kam, zogen Larissas Internatszimmer in Betracht, amüsierten sich beim Gedanken, wie Larissa Blach an der Hand durch dunkle Korridore und an schlafenden

Wachen vorbeilotsen würde. Blachs Hotelzimmer schied von vornherein aus, da er wieder mit Neugebauer angereist war, mit dem er das Zimmer teilte und der Larissa womöglich verdächtigt hätte, Tanja zu sein. Larissa rief schließlich eine Freundin auf deren Dienstapparat an und schnatterte ein Weilchen mit ihr.

Zweiundzwanzigstes Kapitel

Lamentierte über einen väterlichen ausländischen Freund, der, Gospodin, Gospodin, keine Bleibe in Moskau habe, was die Freundin mit Recht nicht glauben wollte, aber Larissa ließ alle ihre Künste spielen. Vergaß nicht, daran zu erinnern, welche Verdienste sie in der Vergangenheit um die Freundin erworben habe. Entkräftete die Ausrede von der vollen Wohnung, in der Ehepaar, zwei Kinder und Großmutter in Stube und Küche lebten.

Brachte vor, daß der Flur für diese Nacht immerhin noch nicht mit Schlafenden belegt sei, was die Freundin schließlich überzeugte. Abends setzten sie sich lärmend in der Wohnung der Freundin zusammen bei Brathuhn, Kohlsuppe, gesalzenem Fisch und Wodka. Dann wurden auf dem Flur Matratzen ausgelegt, die Freundin hatte sie von Nachbarn geliehen. Frisch duftende Wäsche wurde ausgebreitet und über die Schlafdecken gezogen.

Die Familie der Freundin war von überschäumender Gastlichkeit. Zur Gewährung eines effektiv umgewälzten gleichmäßigen Ozonspiegels, wie der Hausherr sich ausdrückte, mußte die Tür zur Küche, wo die Großmutter schlief, offenbleiben, ebenso die Tür zum Wohnzimmer, wo Mann, Frau und die beiden Kinder schliefen. Nachdem die Geräusche aus den Ehebetten endlich verstummt waren, sagte Blach leise zu Larissa:

Schläfst du?

Nein, sagte Larissa leise.

Blachs Besorgnis, daß Larissa vielleicht noch nie mit einem Mann geschlafen hatte, erwies sich als umsonst.

Die nächsten Monate zu Hause in Wilhelmsburg gingen lustlos und unter zunehmender Katastrophenangst vorüber. Der ausgedehnte Briefwechsel mit Larissa brachte ihm Neuigkeiten über Therese ins Haus, die ihn mehr und mehr beunruhigten. Immer hatte er das schöne, heitere Paar vor Augen, das er aus dem Portal des Internats hatte kommen sehen.

Larissa berichtete ihm, daß Therese immer melancholischer werde, daß sie und Sascha Rejc zwar immer noch zusammen seien. Von ihrer innigen Heiterkeit sei jedoch unerklärlicherweise nichts mehr zu spüren. Blachs Briefe an Larissa enthielten immer dringlicher die Bitte, die Ursachen für Thereses Verstörung herauszubekommen, um ihr vielleicht helfen zu können. Von seinen Gefühlen zu Larissa schrieb er immer seltener.

Es fiel ihm nicht auf, wie sehr er Larissa mit seiner Angst um Therese verletzte. Den Abscheu, den seine

Tochter vor ihm empfand, konnte er nicht ertragen. Er steigerte sich in eine groteske Vaterliebe hinein. Larissas Briefe wurden für ihn schließlich zu einem Nachrichtendienst über Therese, doch ohne daß er über die Ursachen der psychischen Veränderungen der Tochter aufgeklärt worden wäre. Da erreichte ihn ein knappes Schreiben von Wanda, das er mit Herzklopfen las:

Deine ständigen Belästigungen Thereses haben jetzt dazu geführt, daß sie nach einem mißglückten Selbstmordversuch vom Moskauer Konservatorium geworfen worden ist.

Ich muß mit ihr über Therese sprechen, dachte Blach, und ging zu dem Haus, in dem Wanda und Banzer wohnten. Er klopfte, klingelte, klopfte und klingelte, ihm wurde nicht geöffnet. Wieder rannte er zu Freunden, die er bekniete, die Wohnung der ehemaligen Gattin für ihm auszuspionieren. Erfuhr, daß Therese zurück sei, apathisch im Bett liege und täglich ärztlich betreut werden müsse. Die Ärzte vermuteten einen schweren seelischen Schock, welcher Art dieser Schock sei, wisse jedoch keiner zu sagen, denn Therese bleibe stumm. Blachs andauernde Bitten führten dazu, daß die Freunde, als hätten sie sich untereinander abgesprochen, aus Mitleid mit ihm Thereses Krankheit in einen fortlaufenden Gesundungsprozeß umdeuteten. Um so härter traf ihn der kurze Brief Wandas:

Wir sind schuld an Thereses Tod, sie hat sich mit Schlaftabletten vergiftet.

Einen Tag später kam ein zweiter Brief von Wanda, in dem sie schrieb:

Der einzige, der schuld an Thereses Tod ist, bist du.

Die Beisetzung sei bereits erfolgt, erfuhr Blach von Freunden. Den Abschiedsbrief hatte Therese zerrissen. Die Papierschnipsel, gefunden und zusammengesetzt, ergaben folgenden Text:

Ich habe dieses Leben satt.

Er erhielt von Larissa noch einen Brief, und zwar, wie sie ihm schrieb, den letzten, da er nun nach Thereses Hinausschmiß keine weiteren Informationen benötige. Sascha Rejc, vom Dekan befragt, habe jetzt die Ursache für Thereses Melancholie preisgegeben.

Sie waren entschlossen gewesen zu heiraten. Aber Saschas Eltern, die erfahren hatten, daß Therese eine Deutsche sei, wollten nicht einmal ihren Besuch erdulden. Daran sei Therese kaputtgegangen. Sascha habe mit seinen Eltern gebrochen und ihnen die Schuld an Thereses Selbstmordversuch gegeben.

Verdächtig sei doch, so hätten sie sich verteidigt, daß diese Deutsche behaupte, sie sei jüdischer Abstammung, wodurch sie sich ins Vertrauen von Saschas Eltern habe einschleichen wollen. Thereses Vater sei doch im Krieg dekorierter Flieger gewesen, der gewiß aus der Luft mit dem Maschinengewehr auf fliehende Menschen geschossen habe, und ihre Mutter habe gewiß geholfen, Juden aus ihren Verstecken zu zerren.

Er bestand darauf, schrieb Larissa, Therese gesagt

zu haben, was kümmern uns die Eltern, sollen die doch an ihrem Vorurteil ersticken.

Seine Eltern hätten den Antrag gestellt, nach Tel Aviv auswandern zu dürfen, was ihnen verweigert worden sei. Nach Thereses Selbstmordversuch habe er den Antrag gestellt, nach Wien auszuwandern, was genehmigt wurde. Von dort wollte er nach Wilhelmsburg reisen, Therese schwängern und danach auch für sie die Ausreise beantragen. Alle Einzelheiten seien abgesprochen gewesen. Er zeigte Larissa seinen Taschenkalender, in dem die für das geplante Unternehmen errechneten Daten aufgeführt waren: Vierter bis achtzehnter Oktober, Tage der Schwängerung. Dritter Dezember, Therese zur ärztlichen Untersuchung. Vierter Dezember, Trauung. Zehnter Dezember, Ausreiseantrag stellen, Klammer auf, Achtung! nicht später, da wegen Weihnachtsfeiertagen und Jahreswechsel rasche Bearbeitung aus objektiven Gründen fraglich, Klammer zu.

Siebter Januar, von Wien aus Briefe an den Staatspräsidenten in Wien und den Generalsekretär in New York mit der Bitte um Intervention bei absehbarer verweigerter Familienzusammenführung, Klammer auf, sehr guter Termin, da die anzusprechenden Büros noch unter dem Eindruck von Weihnachten stehen und außerdem ihre Neujahrsvorsätze noch nicht vergessen haben, Klammer zu. Einundzwanzigster Januar, Presseinterview, um Behörden unter Druck zu setzen und Familienzusammenführung zu beschleunigen.

Februar, Serie von Interviews und bestellten Publikationen, um Druck auf Behörden zu verstärken und Familienzusammenführung weiter zu beschleunigen. Achter bis fünfzehnter Juli, Niederkunft.

Ich war starr vor Staunen, schrieb Larissa in ihrem Brief, Sascha Rejc, diesem weltabgewandten und übersensiblen Jungen, habe ich solch einen raffinierten und irrsinnigen Zeitplan nicht zugetraut. Seine Wangen glühten vor Eifer, schrieb sie, als er die Termine vorlas, oder war er schon krank? Jedenfalls gab er sich Mühe, mich vom Ernst und Sinn seiner Pläne zu überzeugen. Übrigens kam es vor, daß er Leute auf der Straße ansprach und ihnen seinen Zeitplan erläuterte, Thereses Tod, schrieb Larissa, hat ihn aus der Bahn geworfen.

Die Behörden hätten den Antrag genehmigt, der Ausreisetermin dränge, doch Sascha Rejc mache keine Anstalten, das Land zu verlassen. Was soll nun aus ihm werden? Er ist auch vom Konservatorium geflogen.

Als Blach von Thereses Tod erfuhr und wissen wollte, wo sie begraben lag, lief er wieder zu Freunden, die langsam ungeduldig wurden, sich von Blachs unablässigen Fragen belästigt fühlten. Irene fürchtete, ihre unvernünftige Freundlichkeit gegenüber Blach werde dazu führen, daß Wanda sich von ihr zurückziehe, eine Drohung, die Wanda auch aussprach. Einmal noch ließ Faber sich überreden und erzählte Blach, wo sich das Grab befand.

Blach bedankte und bedankte sich, bis es Faber peinlich wurde, und im Hinausgehen hörte er, wie Irene sagte:

Nun ist aber Schluß mit diesem winselnden und windelweichen Kerl.

Sollte er nochmals anrufen, sagte Faber, dann sag' ihm, ich bin nicht da, und du weißt von nichts.

Blach fand das Grab, und seitdem war er oft auf dem Friedhof. Er hastete immer den Hauptweg hinunter, schlich durch Nebenwege. Er irrte oft lange zwischen Gräbern umher, blieb manchmal an einem Stein stehen, um die Inschrift zu entziffern. Stand grübelnd vor einem fremden Grab. Als wollte er sich klar darüber werden, was mit Therese passiert war, so unglaublich war für ihn ihr Tod. Er ertappte sich bei dem Gedanken, Wanda hätte in Tatgemeinschaft mit Therese, sogar mit den gemeinsamen Freunden als Erfüllungsgehilfen, ihm diesen Tod nur vorgespielt, um ihn, Blach, endgültig fertigzumachen.

Wozu das alles? sagte er halblaut vor sich hin, so daß der Friedhofsgärtner, der eines der Nachbargräber harkte, erstaunt herübersah, wozu, um Himmels willen, dieser Haß, wozu zuerst diese verzweifelten Versuche, jemand zu finden, mit dem du vertraut werden könntest, um dann nach Machtkämpfen und Materialschlachten dahin zu kommen, daß der eine den anderen unterworfen hat und stolz sein Haupt hebt, während der andere demütig den Blick senkt? Ich will nicht mehr, sagte Blach, und der Friedhofsgärtner sah ihn erwartungsvoll an, als sei Blach ihm eine kleine Vorstellung schuldig, über die er zu Hause berichten konnte.

Manchmal dachte Blach, es sei nicht viel geschehen in seinem Leben. Dann dachte er, eines Tages würde Knauer auftauchen, rundlich und lebhaft. Aus der Tasche seines Anzugs würde er die Zigarre ziehen, wie er es immer getan hatte, er würde das Mundstück mit Spucke anfeuchten und versuchen, so scharf wie möglich abzubeißen, Fusseln würde er beiseite spucken und, indem er die Zigarre anzündete, Blach und auch Banzer zuplinkern und sagen:

Na, Jungs, wieder mal Probleme?

Immer wieder kam Blach der Gedanke, Therese sei nicht tot, sondern halte sich versteckt, versteckt vor ihm, Blach, dem Ungeheuer. Dann fühlte er sich wie jemand, dem man einen makabren Streich gespielt hat.

Woher er komme, würde Blach fragen, und Knauer würde antworten:

Das, Herr Blach, ist geheim.

Wozu haben die Ihnen das angetan? würde Blach sagen, ausgerechnet Ihnen, der immer anständig und ehrenhaft war.

Banzer würde überlegen lächelnd schweigen. Dann würde Knauer mit einer Spur von Ungeduld in der Stimme antworten:

Die Klasse, Herr Blach, hat es nicht nötig, sich zu verantworten für ihre Taten. Die Tätigen sind der Souverän, dem wir uns zu beugen haben.

Banzer würde dabei stehen und ein überlegenes Gesicht aufsetzen, als wollte er sagen: So ist es.

Aber warum haben Sie damals die Panzerketten nicht hergestellt? würde Blach weiter fragen.

Das, würde Knauer antworten, ist unsere Sache, Außenstehende, Herr Blach, weihen wir in die Hintergründe dieses Konfliktes nicht ein.

Blach wünschte sich, daß Knauer wieder auftauchen und so mit ihm sprechen würde, er hoffte, daß sich dadurch das ideale Bild verändern würde, das er sich in den letzten Jahren von Knauer zurechtgelegt hatte. Er gab zu, daß ihre in grauer Vorzeit liegende Freundschaft durchaus nicht rein und ungetrübt gewesen war.

Hören Sie mal, würde er rufen und sich mit diesem Ruf von Knauer befreien, dessen übermächtige Gestalt ihn zu erdrücken drohte, es geht nicht um Sie, Herr Knauer, es geht darum, daß ich keiner Ordnung, egal ob neu oder alt, das Recht zubillige, ein Unrecht zu begehen und es zu vertuschen.

Sie armer Tor, würde dann Knauer sagen und Banzer ansehen mit einem Blick, den sie immer dann gewechselt hatten, wenn es darum ging, eine von Blachs Ungereimtheiten zu parieren.

Knauer kommt nicht wieder, sagte Samuel, das Spiel ist aus, die Toten erheben sich nicht, sie liegen da, unnatürlich verkrümmt, verhungert, erfroren, mit gespaltenem Schädel. Und die Verschollenen winken dir nicht mit dem Hut aus der Straßenbahn zu, und die Verletzten waschen sich nicht die Farbe von der Brust.

Da wurde Blach, in seinem siebenundfünfzigsten Lebensjahr, plötzlich bewußt, daß er allein war. Er ließ sich von Banzer einen Orden an das Revers heften, fiel, ruhelos vor Gier, Tag und Nacht, über Almuth her. Ließ sich von Karlo belehren über dessen Vorstellungen, Wünsche und Hoffnungen von einer gerechten Welt, von einer gerechten Zeit, erzählte Samuel Träume, verlor sich bei ihm in endlosen Beichten und Geständnissen. Lauter belanglose Sätze, die einer, der längst Abschied genommen hat, den daheimgebliebenen Gastgebern von der Treppe aus tröstlich zuruft. Es war, als sei Blach an einem Punkt angelangt, von dem aus es nicht weiterging und als hege er die fixe Idee, sein Leben noch einmal zu beginnen.

Ich werde es jetzt wahr machen, sagte er, ich geh' zurück nach Skelmersgreen, ich geh' zurück zu Patty, von der ich nie hätte weggehen sollen.

Skelmersgreen, sagte Samuel, ist nicht mehr diese verschlafene Landgemeinde in Mittelengland, sondern Teil einer Großstadt, zweihunderttausend Menschen leben dort, und Patty ist tot.

Die dort, sagte Blach, die kennen mich noch alle.

Für Skelmersgreen ist es zu spät, sagte Samuel, du hast die Zeit verpaßt.

Was? rief Banzer belustigt, als er von Blachs Plänen hörte, du willst nach Skelmersgreen?

Ja, sagte Blach, sollst mal sehen, wie schnell ich dort wieder auf die Beine komme.

Du kommst nirgendwo mehr auf die Beine, sagte Banzer.

Almuth warf sich auf den Boden, umklammerte seine Beine und rief schluchzend:

Verlaß mich nicht, ich hab nur dich.

Karlo blieb kühl und spöttisch.

Ohne dich wird es hier einsamer sein, dafür kriegen die in Skelmersgreen was Vernünftiges zu hören.

Als Blach in der Hauptstadt eintraf, um in den Transeuropaexpreß einzusteigen, der von Moskau über Warschau, Berlin, Hannover nach Hoek van Holland fährt, hatte er zwei Erlebnisse. Vor dem Bahnhof stand eine Gruppe Zigeuner, und als er aus dem Taxi stieg, das ihn vom einen zum anderen Bahnhof gebracht hatte, kam eine der Zigeunerinnen auf ihn zu, ergriff seine Hand und sagte:

Für eine Mark sag' ich Ihnen die Zukunft.

Erschrocken zog Blach die Hand zurück.

Letztes Kapitel

Während er den Taxifahrer entlohnte, reichte er, um sich freizukaufen, der Wahrsagerin ein kleines Geldstück. Worauf sie, offenbar im Bestreben, kein Almosen anzunehmen, eigensinnig nochmals Blachs Hand ergriff, um ihm zu verraten, und sei es gegen seinen Willen, was ihn in Zukunft erwarte. Da machte Blach eine so heftige Bewegung, daß der Frau das Geldstück aus der Hand fiel. Er bückte sich nach der Münze zugleich mit der Zigeunerin.

Im Bücken kamen sich ihre Köpfe so nah, daß sie fast zusammenstießen. Für einen Moment trafen sich ihre Blicke, und Blach spürte deutlich die Angst der Frau. Um nicht in den Verdacht zu geraten, er wolle ihr das Geldstück wieder entreißen, richtete er sich auf. Ohne den Blick von ihm zu wenden, klaubte die Frau das Geldstück vom Boden auf, und mit ängstlichem Blick zurück eilte sie davon. Der Taxifahrer, der das belustigt beobachtet hatte, zählte Blach das Wechselgeld auf die Hand und sagte:

Geht denn das schon wieder los?

Blach ergriff seine beiden Koffer und hastete zur polizeilichen Abfertigung und Zollkontrolle. Später, auf dem Bahnsteig, während er ungeduldig auf die Einfahrt des Zuges wartete, denn es waren nur noch fünf Minuten bis zur fahrplanmäßigen Abfahrtszeit, hatte er das unangenehme Gefühl, beobachtet zu werden. Mißtrauisch sah er zu den beiden Polizisten hinauf, die mit umgehängten Maschinenpistolen auf einem Laufsteg dicht unter dem Dach der Bahnhofshalle patroullierten. Der Steg war offenbar so schmal, daß sie nur hintereinander gehen konnten, der vordere immer halb zu seinem Kameraden umgewandt. Daß sie ihn beobachteten, und sei es aus den Augenwinkeln, war unwahrscheinlich. Auf dem Bahnsteig patroullierte, mit umgehängter Maschinenpistole, ebenfalls ein Polizist und achtete peinlich darauf, daß keiner der Wartenden die breite weiße Linie überschritt, die im Abstand von einem Meter parallel zur Bahnsteigkante gezogen war. Für die wartenden Reisenden, Blach eingeschlossen, eine magische Linie. Einige waren so dicht wie möglich an sie herangetreten. Einer hatte den Fuß schon auf der Linie. Bei einer Kontrolle, von welcher Seite auch immer, hätte niemand ihn beschuldigen können, er habe die ihm gesetzte Grenze nicht voll ausgenutzt, aber ebenso hätte ihm keiner vorwerfen können, er habe sie angetastet oder gar überschritten.

Und diese Grenze überwachte der einzelne Polizist, ein Umstand, der Blach zum ersten Mal ängstigte.

Rasch wandte sich Blach um. Da sah er am Geländer der Bahnhofstreppe einen Mann stehen, der ihm zunickte. Er nickte Blach zu mit dem nachdenklichen Lächeln des erfahrenen, wissenden und verschwiegenen Mannes, hob dabei leicht die Hand. Instinktiv grüßte Blach zurück. Da aber Lächeln und Gruß auch einem anderen hätten gelten können, wandte sich Blach um in die entgegengesetzte Richtung, ob nicht vielleicht dort jemand stand, der gemeint war. Niemand auf dem Bahnsteig beachtete den Mann am Treppengeländer. Der Gruß hatte ihm, Blach, gegolten. Aber er konnte sich nicht erinnern, den Mann je gesehen zu haben, was ihn verdroß und unsicher machte.

Nichts an dem Mann war ihm vertraut, nichts an ihm erinnerte Blach an etwas in seinem Leben. Blach wandte sich ab, fürchtete aber, daß sich der Mann am Treppengeländer durch nichts würde abhalten lassen, ihn zu begrüßen. Er stellte sich dessen Stimme vor, die wahrscheinlich forsch klang und schallend, und als er die Stimme nah an seinem Ohr hörte, atmete er auf. Das Warten auf etwas hatte wiederum ein Ende.

Dieter, sagte die forsche und schallende Stimme, was suchst du hier?

Blach wandte sich um und sah vor sich den Mann stehen. Er wollte die Situation aufklären, aber ohne die Antwort abzuwarten, sagte der Mann:

Wie geht's denn?

Gut, sagte Blach ernst.

Fährst du mit diesem Zug? fragte der Mann.

Ja, sagte Blach.

Bis wo? fragte der Mann.

Skelmersgreen, sagte Blach, und er dachte, das würde den Mann überraschen, doch der sagte bloß:

Das hätt' ich mir denken können. Kannst mir gratulieren, ich fahr bloß bis Hannover.

Gratuliere, sagte Blach.

Warst du wieder in Samtens? fragte der Mann.

Nein, sagte Blach.

Ich auch nicht, sagte der Mann. Wie geht's deiner Frau?

Gut, sagte Blach, sie ist von mir geschieden.

Schon lange?

Lange, sagte Blach.

Und du hast nicht wieder geheiratet? fragte der Mann.

Nein, sagte Blach.

Wirst aber vielleicht, sagte der Mann.

Glaube nicht, sagte Blach.

Dich wird's nicht überraschen, sagte der Mann, aber Sabine und ich sind auch geschieden. Ein Vierteljahr ging es noch gut mit uns, dann war es vorbei. Ich glaube, es war uns damals anzumerken, stimmt's, Dieter?

Ich weiß nicht, sagte Blach.

Na ja, sagte der Mann, was sollst du auch sagen.

Er machte eine kleine Pause, lächelte, und sagte leichthin:

Ich bin dir noch achtzig Mark schuldig.

Ach wo, sagte Blach, ach wo, ach wo.

Ich hab's nicht vergessen, sagte der Mann, aufgeschoben ist nicht aufgehoben, hättest mich auch anrufen können, weißt ja, unter welcher Nummer ich zu erreichen bin. Wie du Sabine erreichen konntest, hast du immer gewußt, na egal, jedenfalls meine Schulden hab ich nicht vergessen, aber weißt du, was ich vergessen habe?

Na? sagte Blach.

Dieter, sagte der Mann.

Sie müssen noch alter Junge zu mir sagen, sagte Blach.

Alter Junge, sagte der Mann, fällt mir doch diesen Moment dein Nachname nicht ein.

Blach, sagte Blach.

Wie bitte? rief der Mann, du, Dieter, ich bin sicher, ich hab noch nie einen Menschen gesehen, der Blach heißt.

Ich heiße auch nicht Dieter, sagte Blach, sondern Walter.

Willst du damit sagen, rief der Mann, daß wir uns nicht kennen?

Wir haben uns noch nie gesehen, sagte Blach.

Wir waren nicht in Samtens? fragte der Mann mit einer Stimme, die Blach lauernd vorkam.

Auf einem Kontinent, der Samtens heißt, war ich noch nie, sagte Blach.

Verstehe, sagte der Mann, ich versteh.

Was gibt's da zu verstehen, sagte Blach.

Warum haben Sie das nicht gleich gesagt, fragte der Mann.

Sie ließen mir keine Zeit, sagte Blach.

Übrigens, sagte der Mann, indem er eine kleine Verbeugung andeutete, Hollub mein Name, Maximilian Hollub, aber alle nennen mich Max.

Und wann soll es gewesen sein, daß wir uns gesehen haben? fragte Blach.

Vor zehn Jahren, sagte Hollub.

Wissen Sie, wo ich vor zehn Jahren war? sagte Blach.

Na? sagte Hollub.

Vor zehn Jahren, sagte Blach, war ich in der Nervenklinik.

Doch nicht das ganze Jahr, sagte Hollub, und der Ausdruck in seinem Gesicht warnte Blach, die Sache nicht leicht zu nehmen, seit zehn Jahren geht mir nicht aus dem Kopf, ob Sie damals Ihr Ziel bei meiner Frau erreicht haben.

Ist doch egal, sagte Blach.

Seit zehn Jahren, sagte Hollub, grüble ich und frage mich, wie es euch damals gelingen konnte. Ich wollte euch auf frischer Tat ertappen.

Verzeihen Sie, sagte Blach, der Zug ist eben eingelaufen.

Aber noch nicht zolltechnisch untersucht, sagte Hollub. Wir haben noch Zeit.

Nein, sagte Blach schnell.

Übrigens, sagte Hollub und zog die Brieftasche,

wäre es mir angenehm, wenn ich mit Ihnen wegen der achtzig Mark reinen Tisch machen könnte.

Er blätterte in der Brieftasche, zog einen Hundertmarkschein heraus und hielt ihn Blach hin.

Kann aber nicht rausgeben, sagte Blach.

Fünf Prozent Zinsen im Jahr, sagte Hollub, halte ich für angemessen.

Blach nahm den Geldschein und steckte ihn achtlos in die Jackentasche.

Hoffentlich kriegen Sie bei der Rückreise keinen Ärger mit dem Zoll, sagte Blach.

Darüber machen Sie sich lieber keine Sorgen, sagte Hollub.

Da wurde Blach klar, daß Herr Hollub wieder in sein Leben getreten war, unerwünscht und ungebeten. Immer diese Hollubs. Herr Hollub war gekommen mit der Unausweichlichkeit eines Schicksalsschlages. Blach bemühte sich, dem zu entrinnen und wußte, es war vergebens.

Als der Zug einlief, ging Herr Hollub zur Treppe, um seinen Koffer zu holen. Blach benutzte die Gelegenheit, eilends seinen Wagen, sein Abteil und seinen Platz aufzusuchen. Bahnhof Zoologischer Garten sprang er aus dem Zug, um Zeitungen und Zeitschriften einzukaufen. Als der Zug Landesgrenzen passiert hatte, schob ihm mit behutsamer, fast zärtlicher Bewegung eine Hand die Zeitung beiseite und Hollub fragte:

Nun, was schreiben die?

In Wilhelmsburg tauchte später die Frage auf, ob es vorauszusehen war, was in diesem Augenblick mit Blach geschah. Die einen sagten, und zu diesen gehörte Banzer, sie hätten zu seinem Schutz die Flucht aus Wilhelmsburg verhindern müssen.

Wer Blach kennt und wer ihn geliebt hat, sagte Banzer, wobei er sich verstohlen eine Träne aus den Augenwinkeln wischte, der hätte wissen müssen, daß Blach einer solchen seelischen Belastung nicht gewachsen war.

Und hätte ihn in Schutzhaft nehmen müssen, sagte Samuel, das meint dieser Banzer wohl.

Wahrscheinlich wäre Blach, auch ohne die niederdrückenden Begebnisse auf dem Bahnhof der Hauptstadt, nicht nach Skelmersgreen gelangt. Der Schaden, den er genommen hatte, war so groß, daß es jedes andere Erlebnis hätte sein können, das die Katastrophe auslöste. Die Sache mit Hollub, von verschiedenen Personen beobachtet und von Hollub bezeugt, der nach diesem Vorfall unverzüglich nach Hause zurückkehrte, um Bericht zu erstatten, hat die lange in Blach schwelende Krankheit explosionsartig zum Ausbruch gebracht.

Offenbar verkörperte Hollub in Blachs gestörtem Bewußtsein all die Personen in seinem Leben, denen er sich hatte fügen müssen. Angefangen von Onkel Gustav, der ihn mit dem Vornamen Wilhelm ängstigte, bis zu Banzer, aus dessen Hand er vor nicht langer Zeit einen kleidsamen Orden entgegennehmen mußte. Wieder fand er sich unverschuldet in einer Lage, in der jedes erklärende Wort ihn tiefer in Verstrickung bringen würde. Da Sprache ihm nicht mehr als Mittel der Verständigung erschien, sondern als Mittel zur Denunziation und damit als gefährliche Waffe, empfand er die eigene Ohnmacht gegenüber den Umständen als besonders deutlich.

Aus diesem Dilemma heraus ist es zu verstehen, daß Blach plötzlich keinen Sinn mehr darin sah zu antworten, etwas zu erklären, etwas zu deuten oder zu deuteln, sondern unmittelbar und unverzüglich zur Tat schritt. Den anderen im Abteil gelang es nicht, Blach zu bändigen, der sich auf Hollub geworfen hatte und auf ihn einschlug, und sie mußten die Notbremse ziehen. Der Zug hatte den Bahnhof auf der anderen Seite der Grenze noch nicht verlassen, als die Bremsen aufkreischten und der Zug, Eisen auf Eisen rutschend, zum Halten kam, wobei die Fahrgäste in den Abteilen kräftig durchgeschüttelt wurden.

Hilflos taumelte Blach quer über den Bahnsteig, und als er auf der anderen Seite war, lehnte er sich an die Mauer, die den Bahnsteig vom Bahnhofsvorplatz trennte. Ihm war zumute, als würde er gleich zusammenbrechen. Vom Zug her hörte er Geräusche, Pfiffe und Getrampel hinter ihm. Mit beiden Händen gegen die Mauer gestützt, versuchte er, den aufkommenden Brechreiz zu überwinden. Dann hob er den Kopf und sah sich um. Die Fenster des Zuges voll von Gesichtern. Die Zugbegleiter waren zusammengelaufen und gestikulierten. Der Lokomotivführer beugte sich aus der Kabine, schaute erwartungsvoll auf den Bahnhofsvorsteher, der, das Signalgerät unterm Arm, langsam, sehr langsam näher kam. Fahrgäste, die ausgestiegen waren, wurden von ihm in die Abteile zurückgeschickt. Blach kämpfte mit seinem Brechreiz.

Von der Polizeibaracke lösten sich zwei Mann, die, starr auf ihn blickend, starr auf ihn zugingen. Sie eilten nicht, bummelten nicht, zögerten nicht und fingerten nicht. Sie kamen, wie Leute kommen, die wissen, was sie zu tun haben, die wissen, daß der Ort und der Gegenstand, dem sie sich nähern, offen vor ihnen liegt und daß nichts sie hindern kann, das zu tun, was sie für richtig halten. Blachs Brechreiz wurde stärker. Offenbar konnte er den Anblick der sich ihm nähernden Männer nicht ertragen. Er lehnte die Stirn gegen den Beton, und in ohnmächtigen, konvulsivischen Zukkungen kotzte er gegen die Mauer.

An jenem Tag verstummte Blach. Vielleicht wußte er nichts mehr zu sagen, vielleicht hielt er jedes weitere Wort für vergebens, wahrscheinlich glaubte er, nichts mehr erklären zu müssen, nichts mehr verteidigen zu müssen. Ein paar Wochen war er in einer Heilanstalt in Hannover, es ging ihm sehr schlecht, und da er auf Fragen nicht antwortete, da er weder sprach noch aß noch klagte, wußten sie nichts mit ihm anzufangen. Sie legten den Wilhelmsburger Behörden, mit denen sie zusammenarbeiteten, den Krankheitsfall dar und erklärten, daß sie Blach nach Hause überstellen müßten. Aber sie erhielten keine Antwort. Von Hannover kam Blach in eine Heilanstalt im Schwarzwald. Auch die Verantwortlichen dort fühlten sich nicht zuständig für diesen Fall und schickten Briefe an die zuständigen Stellen von Wilhelmsburg, nicht einer wurde beantwortet. Bis zwei Herren aus dem Schwarzwald anreisten, sich bei der Behörde Zutritt verschafften, auch eine Offenlegung des Falles androhten. Da erst entschlossen sie sich in Wilhelmsburg, Blach aufzunehmen.

In einer rasch ablaufenden Aktion holten sie ihn aus dem Schwarzwald heim. In der darauffolgenden Zeit wurden Freunde gebeten, ihr Bestes zu tun, um Blach von seinem Entschluß abzubringen, von nun an zu schweigen. Gerüchte gingen um. Dann wurde es auch um Blach still. Er sprach nicht mehr, nicht einmal mit mir.